国家级实验教学示范中心
全国高等院校医学实验教学规划教材

《医学细胞生物学》与《医学遗传学》实验指导

主　编　夏米西努尔·伊力克　周　勇
副主编　袁　芳　五且昆·吐尔逊　希林古丽·吾守尔
编　委　纳菲沙·卡德尔　许　瑞　毛吾兰·买买提依明
　　　　祖木拉提·阿布都热依木　玛依热·吐尔洪
　　　　贺　怡　刘　展

科学出版社
北　京

内 容 简 介

《医学细胞生物学》与《医学遗传学》分别是医学院校学生的两门重要医学基础课程，是基础与临床间的重要桥梁课程。为了方便于学习这两门课程的同学，我们组织具有多年教学经验的教师按照这两门课程的实验教学大纲精心编写这本实验指导。本教材共分四个部分，主要内容包括《医学细胞生物学》实验指导、《医学遗传学》实验指导、《医学细胞生物学》实验报告与《医学遗传学》实验报告。前两部分实验指导是本书的主体，而后两部分是学生在实验课完成的报告部分。两门课程实验报告尤其精心设计，针对性很强，希望有助于同学们的学习。

本书可作为医学院校上述两门课程本科生实验教学参考书。

图书在版编目（CIP）数据

《医学细胞生物学》与《医学遗传学》实验指导／夏米西努尔·伊力克，周勇主编. —北京：科学出版社，2017.6
国家级实验教学示范中心·全国高等院校医学实验教学规划教材
ISBN 978-7-03-053394-4

Ⅰ.①医… Ⅱ.①夏… ②周… Ⅲ.①医学–细胞生物学–实验–医学院校–教学参考资料②医学遗传学–实验–医学院校–教学参考资料 Ⅳ.①R329.2-33 ②R394-33

中国版本图书馆 CIP 数据核字（2017）第 133423 号

责任编辑：张天佐 李国红／责任校对：郭瑞芝
责任印制：赵 博／封面设计：陈 敬

科学出版社 出版
北京东黄城根北街16号
邮政编码：100717
http://www.sciencep.com

三河市宏图印务有限公司 印刷
科学出版社发行 各地新华书店经销

*

2017年6月第 一 版　开本：787×1092　1/16
2020年12月第五次印刷　印张：5 1/4
字数：115 000

定价：25.00 元
（如有印装质量问题，我社负责调换）

前　　言

　　《医学细胞生物学》与《医学遗传学》是高等医学教育的重要专业基础课程，也是实验性很强的两门学科。通过实验教学，不仅能使学生掌握实验技能，加深对相关理论知识的理解和掌握，而且有助于培养学生实事求是的科学态度，严谨细致的工作作风，以及分析和解决问题的能力。

　　本教研室一直承担《医学细胞生物学》与《医学遗传学》两门课程的理论和实验教学。目前这两门课程的学生实验用书是分开的。为了方便教学和学生降低成本，按照新实验教学大纲，本教研室所有教师依据多年的实验教学经验共同编写了这本包括两门课程的实验指导和实验报告合为一体的实验教材。

　　全书共分四部分，包括医学细胞生物学实验指导、医学遗传学实验指导、医学细胞生物学实验报告及医学遗传学实验报告。前两部分医学细胞生物学实验指导和医学遗传学实验指导是本书的主体，后两部分供实验课时完成作业。

　　本书的主要特色是：①科学性强：按照多年教学经验，精炼内容，遵循科学原则编写了本教材；②针对性强：根据新实验教学大纲，内容、形式、思路和技巧环环紧扣，知识点明确，准确模拟各教学环节，体现综合、应用、创新理念；③实用性强：从实验的设计到内容的编写，都考虑到教学过程的特点和学生的实际需要。每项实验后都附有作业和思考题。

　　我们希望本书能对使用者有所帮助。本实验教材编写过程中，各位作者本着对学生负责的态度，对相关的实验内容仔细推敲，精益求精，一丝不苟，数易其稿。尽管如此，由于医学科学的迅猛发展及编写人员的水平所限，书中难免有不足及疏漏之处，真诚期望同行专家及使用本实验教材院校的师生提出宝贵意见，以便不断改进和更新。

夏米西努尔·伊力克
2017 年 4 月 8 日于新疆医科大学

目 录

实验室规则 ··· 1
《医学细胞生物学》实验指导 ··· 2
    实验一 显微镜的结构和使用 ··· 3
    实验二 动物细胞的基本形态和结构观察 ·· 6
    实验三 细胞组分的化学反应 ··· 8
    实验四 部分细胞器的活体染色及光镜观察 ·· 10
    实验五 细胞骨架显微结构标本的制备和观察 ·· 12
    实验六 细胞超微结构观察 ··· 14
    实验七 细胞分裂 ·· 17
    实验八 设计型实验 ·· 20
《医学遗传学》实验指导 ·· 21
    实验一 人类外周血淋巴细胞培养及染色体制备 ····································· 22
    实验二 正常人 G 显带染色体核型分析 ··· 25
    实验三 人类 X 染色质标本的制备和观察 ·· 29
    实验四 系谱分析 ·· 31
    实验五 人类皮纹分析 ··· 34
    实验六 人类 21 三体综合征患者染色体分析 ··· 38
    实验七 设计型实验 ·· 40
《医学遗传学》实验报告 ·· 41
    医学遗传学实验报告册 ·· 43
    实验一 人类外周血淋巴细胞培养及染色体制备实验报告 ···················· 45
    实验二 正常人 G 显带染色体核型分析实验报告 ··································· 47
    实验三 人类 X 染色质标本的制备和观察实验报告 ······························· 49
    实验四 系谱分析小测验 ·· 51
    实验五 人类皮纹分析实验报告 ··· 53
    实验六 人类 21 三体综合征患者染色体分析实验报告 ·························· 55
    实验七 医学遗传学设计型实验设计报告 ·· 57
《医学细胞生物学》实验报告 ··· 59
    医学细胞生物学实验报告 ·· 61
    实验一 显微镜的结构和使用实验报告 ·· 63
    实验二 动物细胞的基本形态和结构观察实验报告 ································ 65
    实验三 细胞组分的化学反应实验报告 ·· 67
    实验四 部分细胞器的活体染色及光镜观察实验报告 ··························· 69

实验五　细胞骨架显微结构标本的制备和观察实验报告…………………………………71
实验六　细胞的超微结构观察实验报告……………………………………………………73
实验七　细胞分裂实验…………………………………………………………………………75
实验八　医学细胞生物学设计型实验设计报告……………………………………………77

实验室规则

（1）在上实验课之前必须进入课程中心（见二维码），做好预习，掌握实验目的要求、内容和方法，并复习有关的理论课知识。

（2）由于实验课需要画图，因此请学生们自带铅笔、彩笔、橡皮等文具。学生必须带实验指导书且一律穿白大褂。要求同学们把实验报告上有关的作业内容完成并当堂上交。

（3）根据实验内容要借用解剖器械和切片盒时，每两个或四个同学一组把自己的姓名写到纸条上并让一名学生去准备室领取器械。实验结束后学生要把解剖器械清洗干净，整理实验台，并清点实验用具，不得缺少。如果损坏切片或器材要赔偿。最后将显微镜放在实验台指定位置上。

（4）要爱护实验室的一切实验仪器、标本和模型。实验室的卫生由做实验的学生轮流负责，组长每次安排学生做值日。

《医学细胞生物学》课程二维码

《医学遗传学》课程二维码

《医学细胞生物学》实验指导

实验一 显微镜的结构和使用

一、实验目的要求

（1）掌握显微镜各部分的构造和功能。
（2）初步掌握使用低倍镜和高倍镜的方法。
（3）学会计算显微镜放大倍数的方法。
（4）了解油浸镜的使用方法。
（5）了解使用显微镜的注意事项。

二、实验内容

（一）显微镜的构造和功能

显微镜分为光学显微镜和电子显微镜两种。其中在实验室里最常用的是光学显微镜。光学显微镜又有单筒和双筒两种。显微镜是由机械部分和光学部分组成的。

1. 机械部分

机械部分包括镜座、镜柱、镜筒、物镜转换器和载物台。

（1）镜座：方形（或马蹄铁形），在显微镜的最下部，用来支持显微镜。

（2）镜柱：在镜座与镜筒之间。其下端与镜座相连，上端与镜筒相连，便于握拿。镜柱下部两侧，各有大、小螺旋一个，顺时针方向旋转大、小螺旋，可使镜台升高。逆时针方向转动大、小螺旋可使镜台下降。转动大螺旋时，镜台升降的幅度大；转动小螺旋时，镜台升降的幅度很小。

（3）镜筒：在显微镜的最上部。上端装有目镜，下端有圆盘状的物镜转换器。

（4）物镜转换器：位于镜筒下端。圆盘状，上有3～4个圆孔，可装物镜。转动物镜转换器，可以更换物镜，把需要的物镜转到镜筒的下方。

（5）载物台：方形（或圆形）的平台。中央有孔，可使光线通过，称通光孔。载物台上有标本夹持器（也叫标本移动器），夹持器上有弹簧夹，可以固定玻片标本。标本移动器的右侧镜台的下方，有两个螺旋，转动上面的螺旋可以使标本移动器前后移动。转动下面的螺旋，可以使标本移动器左右移动。标本移动器上有纵、横游标尺，用以测定标本在视野中的方位及其大小。

2. 光学部分

光学部分包括反光镜、集光器、光圈、目镜和物镜。

（1）反光镜：位于镜台的下方。接通电源后发出光线，照亮玻片标本。光线强弱通过调镜座右侧的螺旋便可。

（2）集光器：在镜台下方。它能把从反光镜反射上来的光线聚集成束，并通过通光孔照射到要观察的标本上。在右侧大、小螺旋的前方，有集光器的升降螺旋（有的显微镜在左侧），升高集光器时，光线变强；降低集光器时，光线变弱。

（3）光圈：位于集光器的下方。由许多薄的金属片组成。在光圈的旁边有一小柄，拨动小柄，能扩大或缩小光圈。扩大光圈时，光线变强；缩小光圈时，光线变弱。

（4）目镜：装在镜筒上端。镜头上标有10×、15×、20×等字样，表示目镜的不同放大倍数。

（5）物镜：装在物镜转换器上。物镜分低倍镜（20×以下）、高倍镜（40×、45×等）和油浸镜（90×或100×等）三种。各种物镜上还刻有镜口率（数值孔径）（NA），反映物镜的分辨力大小，如0.25、0.65、1.30等字样；另外，有如0.17（mm）等符号，表示盖玻片厚度。镜口率越大，分辨率越高（试从物镜的长短、透镜的大小等特点来区别这三种物镜）。

（二）显微镜的使用方法

1. 低倍镜的使用方法

（1）准备

1）把显微镜放在实验台上，自己身体的前方，使镜柱向着自己。镜座后缘距实验台边缘约2～5cm，让目镜正好在双眼的前方。

2）调节转凳的高度至坐在转凳上双眼能在目镜上观察为止。

（2）采光

1）转动物镜转换器，把低倍镜转到镜筒的下方，调节大螺旋，使镜台上升到距物镜下端大约2cm为止。有的显微镜，调节大螺旋，可使镜筒下降，距离镜台约2cm为止。

2）把集光器升到最高位置。光圈开到最大。用凹面镜把光源的光反射到通光孔，同时用双眼在目镜上观察，调节反光镜直到视野完全亮而且均匀为止。

（3）安放玻片标本：取一张毛线纤维玻片标本，打开标本移动器的弹簧夹，把玻片标本上有盖玻片的一面朝上放在镜台上，用标本移动器上的弹簧夹夹住。调节标本移动器的螺旋，移动玻片标本，用肉眼在显微镜的旁边观察毛线纤维交叉点的移动，使毛线纤维交叉点对准集光器最上面透镜的中央。

（4）调节物距

1）从旁边看着低倍镜镜头，转动大螺旋升高镜台，直到低倍镜镜头与标本间的距离约0.5cm为止。注意绝对不可以一边在目镜上观察，一边转动大螺旋上升镜台，以免撞坏镜头或标本。

2）双眼睁开，用双眼在目镜上观察，转动大螺旋使镜台慢慢地下降，直到视野中出现物像为止。如果物像不清楚，可以调节小螺旋，直到物像清楚为止。再调节标本移动器螺旋，把毛线纤维的交叉点移到视野的中心。

（5）调节光线：如果视野中光线强弱不适宜，可通过调节集光器位置高低和光圈大小，使视野中光线强弱适宜。

2. 高倍镜的使用方法

（1）使用高倍镜之前先要用低倍镜找到毛线纤维交叉点，并把它（欲进一步放大的部分）移到视野中央（为什么？）。

（2）转动物镜转换器把高倍镜镜头移到镜筒下方。

（3）双眼在目镜上观察，看视野内是否有了物像。如果看到物像，但物像不清楚，可稍稍转动小螺旋，使物像清楚；如果看不到物像，并且调节小螺旋后，仍看不到物像，需按高倍镜使用方法（1）和（2）重新操作，直到找到清晰的物像，再把毛线纤维交叉点（欲观察部分）移到视野中央，调节光线至适度。

3. 油浸镜的使用方法

（1）首先用低倍镜找到物像，再在高倍镜下找到物像，把欲观察的部分移到视野中央。

（2）移开高倍镜，在玻片标本上要进一步仔细观察的部位滴一滴显微镜油（不要多滴），转动物镜转换器，把油浸镜镜头转到镜筒的下方，使镜头浸在显微镜油中。

（3）用双眼在目镜上观察调节小螺旋（一定不能用大螺旋），直到物像清晰为止。如看不到物像，应从低倍镜操作开始重新操作，直到能用油浸镜看到物像为止。

（4）观察完毕，转动物镜转换器，用乙醇浸湿的擦镜纸擦去油浸镜头上的镜油。

4. 物像的放大倍数

显微镜放大倍数等于目镜放大倍数与物镜放大倍数的乘积。例如：目镜的放大倍数是 $10\times$，物镜的放大倍数是 $45\times$，这时物像的放大倍数为 $10\times45=450$（倍）。

5. 使用显微镜的注意事项

（1）拿显微镜时必须右手握住镜柱的上部（有的显微镜握住镜臂），左手从下面托住镜座，使显微镜平贴胸前，防止碰撞和零件跌落。

（2）当用目镜观察时，不能用大螺旋升高镜台（或降低镜筒），以免使镜头与标本发生碰撞，损坏物镜和标本。

（3）使用油浸镜观察时，一定要在拟观察的部位滴上显微镜油，用后按操作规程擦拭干净。

（4）休息或用完显微镜时，必须把低倍镜镜头转到镜筒的下方。

实验二　动物细胞的基本形态和结构观察

一、实验目的要求

制备不同细胞的临时玻片标本，通过观察了解细胞的基本形态和结构。

二、实验原理

细胞的形态结构与功能相关是很多细胞的共同特点，在分化程度较高的细胞更为明显，这种合理性是生物漫长进化过程中所形成的。例如：具有收缩功能的肌细胞伸展为细长形；具有感受刺激和传导冲动功能的神经细胞有长短不一的树枝状突起；游离的血细胞为圆形、椭圆形或圆饼形。

无论细胞的形状如何，细胞的结构一般分为三大部分：细胞膜、细胞质和细胞核。但也有例外。例如：哺乳类动物红细胞成熟时细胞核消失。

三、实验用品

1. 材料和标本

蟾蜍。

2. 器材和仪器

配有目镜测微尺的显微镜一台、载玻片三张、盖玻片三张、吸水纸、手术器材一套、解剖盘一个、小平皿一个、牙签。

3. 试剂

1%甲苯胺蓝、1%甲基蓝、Ringer氏液（两栖类用）。

四、实验方法、步骤与结果

1. 制备蟾蜍脊髓压片，观察脊髓前角运动神经细胞

取蟾蜍一只，以捣髓法破坏脑和脊髓，处死蟾蜍。在口裂处剪去头部，除去延脑，剪开椎管，可见乳白色脊髓，取下脊髓放在平皿内，用Ringer氏液洗，去血液后放在载玻片上，剪碎。滴一滴甲苯胺蓝染液，染色5~10min，将盖玻片压在脊髓碎块上，用力挤压，吸去多余染液即可得到压片。在显微镜下观察，染色较深的小细胞是神经胶质细胞。染成蓝紫色的体积较大的、有多个突起的细胞是脊髓前角运动神经细胞；胞体呈三角形或星形，中央有一个圆形细胞核，内有核仁（图1）。

2. 蟾蜍肝脏压片的制备与观察

剪开蟾蜍腹腔，取一小块（约2~3mm）肝组织放在平皿内，用Ringer氏液洗净，用镊子轻压将肝中的血挤出。然后放在载片上，用眼科剪将组织剪碎，用镊子除去较大的残渣，加染液甲基蓝，染色5~10min，显微镜下观察可见肝细胞圆形，核染成蓝色，肝细胞紧密排列时挤成多角形（图2）。

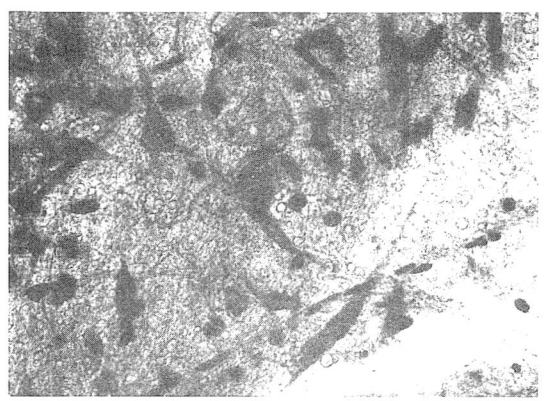

图 1　蟾蜍脊髓前角运动神经压片图

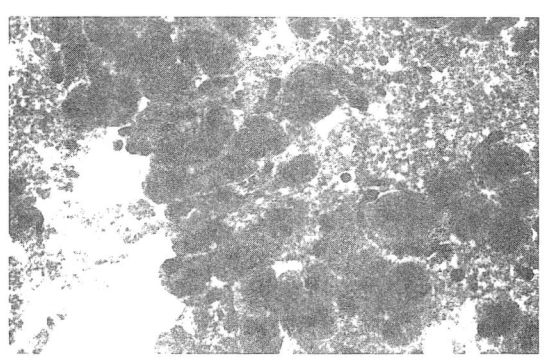

图 2　蟾蜍肝细胞压片图

3. 蟾蜍血涂片的制备与观察

取一滴蟾蜍血液，靠近一端滴在载玻片上，将另一载玻片的一端呈 45°紧贴在血滴的前缘，均匀用力向前推，使血液在载玻片上形成均匀的薄层。晾干。显微镜观察可见蟾蜍红细胞为椭圆形，有细胞核。

实验三 细胞组分的化学反应

一、实验目的要求

（1）掌握 Brachet 反应的原理与方法。
（2）掌握蛋白质与酶的细胞化学反应原理。
（3）了解细胞内 DNA、RNA、酸性蛋白及碱性蛋白的分布。

二、实验原理

细胞的组织化学方法是研究细胞成分的常用方法之一。它是利用化学试剂与细胞内的物质进行化学反应，从而在细胞局部形成有色沉淀物，再通过显微镜观察，对细胞内生物化学成分进行定性、定位及定量研究。

三、实验用品

1. 器材

显微镜、解剖器材、解剖盘、载玻片、盖玻片、吸水纸、染色缸、注射器、4号针头、蜡笔、培养皿、恒温水浴箱。

2. 材料 蟾蜍。

3. 试剂

70%乙醇、5%三氯醋酸、1%碱性固绿（pH 8.0～8.5）、0.1%酸性固绿（pH 2.2、丙酮、1∶2丙酮与二甲苯混合液、二甲苯、甲基绿-派络宁染液。

四、实验方法、步骤与结果

（一）细胞内酸性蛋白和碱性蛋白的显示

1. 实验原理

由于不同蛋白质分子中所带有的碱性基团和酸性基团的数量不同，在不同的 pH 溶液中，整个蛋白质所带正负电荷就不同。如在生理条件下，整个蛋白质所带负电荷多，则为酸性蛋白质；带正电荷多，则为碱性蛋白质。据此，可将标本经三氯醋酸处理提取核酸后，用不同 pH 的固绿染色，可使细胞内酸性和碱性蛋白质分别显示出来。

2. 实验方法

（1）以捣髓法处死蟾蜍，将其腹面朝向上放入解剖盘中，剪开胸腹腔。暴露心脏，用注射器抽取心脏内的血液，注入含抗凝剂的小瓶中混匀（此步骤由实验准备室完成），用吸管从瓶内吸取少量血液，滴一滴在干净的玻片右部，推片，室温晾干。共制片两张。
（2）将涂片放在 70% 乙醇中浸 5min，室温晾干。
（3）放入 60℃的 5%三氯醋酸中处理 30min。
（4）自来水冲洗 3min 以上（不可在标本上留下三氯醋酸痕迹，否则影响观察结果），用滤纸吸干玻片上水分，用蜡笔在涂有标本处的两侧划线，框出染色位。

（5）拟显示酸性蛋白的涂片用 0.1% 酸性固绿染液（pH 2.2）染色 5~10 min。自来水冲洗，晾干。拟显示碱性蛋白的涂片用 1% 碱性固绿染液（pH 8.0~8.5）染色 0.5~1 h，自来水冲洗后，晾干。分别在显微镜下观察。

3. 结果

经酸性固绿染液染色，整个细胞质和核仁被染成绿色，此区域即为酸性蛋白质在细胞内的分布区域。经碱性固绿染色，只有细胞核内碱性蛋白质被染成绿色，此区域为碱性蛋白质在细胞内的分布区域。

（二）Brachet 反应——显示细胞内的 DNA 和 RNA

1. 原理

细胞经甲基绿-派络宁混合液处理后，其中的 DNA 和 RNA 出现不同的显色反应，这是由于带有负电荷的核酸对碱性染料派络宁和甲基绿具有亲和力，但这两种染料对不同种核酸的作用有选择性，一些学者证明甲基绿染 DNA，派络宁染 RNA 不是化学作用，而是与两种核酸的聚合程度有关。一般认为甲基绿染高聚分子 DNA 呈蓝绿色，派络宁染低聚分子的 RNA 呈红色，但 DNA 解聚到某一程度时也可以染上派络宁。由此对细胞中的 DNA 和 RNA 进行定位、定性和定量分析。

2. 方法

（1）制备一张蟾蜍血涂片，在 70% 乙醇中固定 5~10min。

（2）用蜡笔在标本两侧画线，然后滴甲基绿-派络宁染液于涂片上染色 30min，染液要加足，以免干掉。

（3）用水冲洗 2~3 次，用吸水纸轻轻吸一下水分（不要过干）。

（4）放入纯丙酮中分色 2~3s（最多不可超过 10s，否则颜色退去）。

（5）放入 1：2 丙酮与二甲苯混合液中 5s。

（6）放入二甲苯中透明 5min。

（7）镜下观察：依次在低、高倍镜下找到物像后，按油浸镜使用方法，换用油浸镜观察。

3. 结果

细胞质被染成红色，细胞核被染成蓝绿色，而其中核仁被染成红色。

实验四　部分细胞器的活体染色及光镜观察

一、实验目的要求

（1）掌握细胞内线粒体、液泡系等细胞器的活体染色方法。

（2）掌握光镜下线粒体、液泡系、高尔基复合体等细胞器的基本形态和它们在细胞内的分布。

二、实验原理、方法与结果

（一）人口腔黏膜上皮细胞、兔肝细胞活体染色显示线粒体

1. 原理

在光镜下可见线粒体呈颗粒状、棒状或弯曲的线状。线粒体的形态和数量随不同生物、不同组织细胞及不同生理状态而发生变化。例如：肝细胞、胰腺细胞的线粒体通常呈线状；成熟的卵细胞内线粒体呈颗粒状；肾细胞内的线粒体常呈棒状。线粒体内含有细胞色素氧化酶系统，当用活细胞染料詹纳斯绿 B 对线粒体进行专一性活染时，线粒体的内膜和出嵴膜的细胞色素氧化酶可使该染料始终处于氧化状态而呈蓝色而在线粒体周围的细胞质中的詹纳斯绿 B 则被还原成无色，与中性红结合使用，进行双重超活染色时，能使线粒体显示得更清楚。

2. 方法

（1）将洁净的载玻片平放在实验台上，滴 2～3 滴中性红-詹纳斯绿 B 染液于载玻片中央，用消毒牙签钝端刮取口腔黏膜细胞（用力应稍重些，以使得到生活力较强的细胞），然后将刮取物小心地混合于载玻片上的染液中，盖上盖玻片，染色 5～10min。

（2）用空气栓塞法处死家兔。腹面向上置于解剖盘内，迅速打开腹腔，由兔肝边缘较薄处取肝组织一小块（2～5mm）放入盛有 Ringer 氏液的培养皿内洗去血液（可用镊子轻轻挤压），然后放于载玻片上，加 1/300 詹纳斯绿 B 染液数滴，使组织块下部浸入其中，而让组织块上部露在染液外面，使细胞内线粒体酶系可以在有氧的条件下充分催化氧化反应（线粒体才易染色）直至组织块边缘染成蓝绿色即可，一般需要染色 30min。染色后，用镊子将组织块拉碎，这样就会有一些细胞与组织块分离。去掉稍大的组织块，使分离下来的细胞或细胞群留在载玻片上，加一滴兔用 Ringer 氏液，盖上盖片，吸去多余水分。

3. 结果

显微镜观察，口腔黏膜细胞细胞质、兔肝细胞细胞质被染成浅红色。其中，特别是细胞核周围散布有一些被染成亮绿色的短杆状或圆形颗粒状结构，即为线粒体。

（二）蟾蜍剑状软骨细胞液泡系活体染色及观察

1. 原理

在动物细胞质内，凡是由膜所包围的小泡（除线粒体外）都属于液泡系。包括高尔基复合体、溶酶体、微体、消化泡、自噬小体、残留体、胞饮液泡和吞噬泡等。但动物细胞内液泡很小，不经活体染色很难显示出来。软骨细胞内含有较多的粗面内质网和发达的高尔基复合体，能合成和分泌软骨素蛋白及胶原纤维等，因而液泡系发达。中性红是液泡系特殊的活体染色剂，在细胞处于生活状态时，能将液泡染成红色，细胞质及细胞核不被染色。中性红染色可能与液泡中的蛋白有关。

2. 方法

取一只蟾蜍，以捣髓法处死，剪开胸腹腔，暴露出胸骨剑状软骨，从最薄的边缘部分剪下一小片，放在载玻片上，滴两滴 1/3000 中性红染液，染色 15min 后，用吸水纸吸去染液，加一滴两栖类用 Ringer 氏液，盖上盖片。吸去多余的 Ringer 氏液。

3. 结果

显微镜下观察　可见软骨细胞为椭圆形，细胞核周围的细胞质中有许多染成玫瑰红色，大小不一的小泡，即为软骨细胞液泡系。

（三）高尔基复合体的观察

取兔脊神经节横切片，先用低倍镜观察，兔脊神经节的切面呈椭圆形，染成黄色，在脊神经节内有大量圆形的神经细胞。换用高倍镜观察，神经细胞体的切面呈椭圆形，中央有一圆形透明的部分是细胞核的位置，在细胞核周围的细胞质里（染成黄色）分散着许多染成黑褐色的点状结构、棒状结构或卷曲的线状结构，这就是高尔基复合体。

实验五　细胞骨架显微结构标本的制备和观察

一、实验目的要求

（1）掌握细胞骨架的光镜标本的制备方法。
（2）掌握考马斯亮蓝 R250 对植物细胞骨架中微丝的染色方法。
（3）了解细胞骨架的基本形态和结构。

二、实验原理

细胞骨架是指真核细胞中的蛋白纤维网络结构。细胞骨架由微管、微丝和中间纤维构成，其主要是因为一般电镜制样采用低温（0~4℃）固定，而细胞骨架会在低温下解聚。直到 20 世纪 60 年代后，采用戊二醛常温固定，才逐渐认识到细胞骨架的客观存在。细胞骨架不仅在维持细胞形态（承受外力）保持细胞内部结构的有序性方面起到重要作用，而且还参与许多重要的生命活动。例如：在细胞分裂中细胞骨架牵引染色体分离；在细胞物质运输中，各类小泡和细胞器可沿着细胞骨架定向转运；在肌肉细胞中，细胞骨架和它的结合蛋白组成动力系统；在白细胞的迁移、精子的游动、神经细胞轴突和树突的伸展等方面都与细胞骨架有关。

目前对细胞骨架的研究可采用光镜、电镜、间接免疫荧光染色技术和组织化学技术等方法。光学显微镜下观察细胞骨架结构的方法是用 1% 或 2% TritonX-100（聚乙二醇辛基苯醚）处理细胞，以抽提大部分的可溶性蛋白质及全部脂质，只保留细胞骨架系统的蛋白质，再用考马斯亮蓝 R250 染色，即可在光学显微镜下观察到清晰的细胞骨架。

三、实验内容和方法

植物细胞骨架标本的制备

1. 取材

切开洋葱鳞茎，撕取中层鳞片的内表皮，剪成约 2~3mm 大小的小片，浸入装有 6mmol/L PBS（pH 6.5）的小烧杯中，使其下沉，处理 5~10min。

2. 抽提

用吸管吸去 6mmol/L PBS 液，加入 2ml 2% TritonX-100 液，置 37℃恒温箱内处理 20~30min，以提取细胞骨架以外的蛋白质。

3. 冲洗

用吸管吸尽 2% TritonX-100 液，再用 M-缓冲液轻轻洗涤三次，每次 10min，以使细胞骨架稳定。

4. 固定

吸去 M-缓冲液，加入 3%戊二醛固定液，固定 0.5~1h。

5. 冲洗

吸去固定液，用 6mmol/L PBS 液（pH 6.5）洗涤三次，滤纸吸去残液。

6. 染色

吸去 6mmol/L PBS 液，滴加 5 滴 0.2% 考马斯亮蓝 R250 染液，染色 15min。

7. 制片

吸去染液，用蒸馏水洗涤 2～3 次，将标本取出平铺在载玻片上，盖上盖玻片，即可在显微镜下进行观察。

四、实验结果及观察

在光镜低倍镜下可见洋葱表皮细胞的轮廓，呈长方形；细胞内存在着被染成蓝色、粗细不等的纤维网络结构，即为细胞骨架的微丝束。有的细胞中核的周围还可见到一些放射状分布的细丝。选择染色较好的细胞，转换高倍镜观察，转动微调，可见细胞骨架的立体结构。

实验六　细胞超微结构观察

一、实验目的要求

通过观察电镜照片达到掌握各种细胞器超微结构的目的；增强对理论知识的理解和掌握。

二、实验内容与方法

通过观看细胞超微结构图片，掌握各种细胞器和细胞结构的超微结构。

（一）细胞超微结构概述

这是指细胞或组织在分子水平或亚显微水平的结构，即指在电子显微镜下显示的结构。电子显微镜能观察的范围很广，从细胞内的各种细胞器、细胞的表面结构和各种细胞连接及细菌（含纳米细菌）、支原体和病毒等各种病原微生物，甚至能看到分子结构（如 DNA 的结构）。

（二）实验内容

1. 细胞膜（观察 1 号、21 号照片）

观察人红细胞膜的电镜照片。可以看到细胞膜位于细胞最外缘，共显示出三层结构，内层和外层电子密度较大颜色较深，是暗带；中层电子密度较小颜色较浅，是亮带。三层总厚度约 14~25nm 左右。可以看到是由暗带—亮带—暗带三层结构组成。

2. 线粒体（观察 2 号、10 号、20 号照片）

观察线粒体电镜照片。线粒体是由双层单位膜包围而成的封闭结构。外层膜叫外膜。内层膜叫内膜。内膜向线粒体内突出形成许多嵴。内膜、外膜与嵴膜在电镜照片上呈深色的线状结构。内外膜之间形成空腔，叫膜间腔。嵴与嵴之间也形成腔，叫嵴间腔。膜间腔和嵴间腔内物质的电子密度较小，故色浅。嵴间腔内充满线粒体基质。嵴膜和内膜上附着有许多深色的球形小体，是基粒。在线粒体的基质内，还可以看到一些色深而大的颗粒，是一些电子致密嗜酸性的基质颗粒。

观察线粒体内膜负染电镜照片。照片上线粒体膜和基粒均呈白色，可清楚地看到基粒由球部、柄和基片三部分结构组成。

3. 内质网（观察 3 号、4 号、20 号照片）

（1）粗面内质网（颗粒型内质网）：先观察蝙蝠膜腺细胞电镜照片，再进一步观察小鼠肝细胞电镜照片。粗面内质网呈扁平的囊状，一层层紧密排列。内质网膜色深、内质网腔色浅。在膜的外表面附着有颜色很深，电子密度大的颗粒结构，是核糖体。

（2）滑面内质网：观察人肾上腺皮质细胞电镜照片。可见滑面内质网呈分枝的小管状，膜外表面光滑，没有核糖体附着。

试比较两种类型内质网形态、结构上的特点。

4. 高尔基复合体（观察 5 号、6 号、7 号、21 号照片）

观察大鼠睾丸精原细胞和附睾细胞的高尔基复合体的电镜照片。高尔基复合体由三部分组成。

（1）扁平囊：是高尔基复合体最显著部分。一般有 5～10 层扁平的囊泡状结构组成。扁平囊呈弓状，其囊腔狭窄，有凹凸两面。凹面叫成熟面（分泌面），有些扁平囊末端扩大成大泡（大囊泡）；凸面叫未成熟面（形成面）。

（2）大囊泡和小囊泡：扁平囊周围大小不一的圆形或卵圆形的泡状结构。大囊泡较大，分布在扁平囊的分泌面和末端。小囊泡较小，多分布在扁平囊的形成面。

观察大鼠肝细胞电镜照片。图片上方是粗面内质网，下方是高尔基复合体。观察高尔基复合体照片，扁平囊周围有许多泡即小囊泡。大囊泡则主要分布在扁平囊成熟面。内含许多深色的分泌颗粒，故又称分泌泡。照片上还可看到内质网膨大部分，其中色深但较小的颗粒是脂蛋白。注意两者的区别。

5. 核糖体（观察 3 号、8 号、20 号、22 号照片）

单个核糖体由大、小两个亚基组成。在电镜下核糖体呈颗粒状，电子密度大，颜色很深，无生物膜包被，可附着在粗面内质网上，叫附着核糖体；游离于细胞质中叫游离核糖体；多个核糖体附着在一个 mRNA 分子链上，形成多聚核糖体。取小鼠肝细胞电镜照片观察。可见粗面内质网膜上有许多颜色很深的颗粒状结构，这些结构即为附着核糖体。

观察多聚核糖体照片。照片上有许多螺旋状、念珠状的结构，一簇簇的，分布在细胞质中，都是多聚核糖体。照片上可见 5～8 个甚至更多的核糖体由一条线状的 mRNA 分子串在一起，形成多聚核糖体。再取放大 400 000 倍的 80S 核糖体负染电镜照片观察。照片上核糖体经负染技术处理故色浅。每个核糖体包括两个亚基，即大亚基和小亚基。

6. 溶酶体（观察 9 号、11 号、12 号照片）

溶酶体是由单层生物膜形成的封闭结构，呈圆形或椭圆形，电子密度大，色深，内含多种酸性水解酶。先观察大鼠肝细胞电镜照片。照片上颜色深的圆形或椭圆形结构即为初级溶酶体，由单层膜包被。溶酶体内部无嵴，电子密度，试与周围的线粒体相区别。

再观察肾细胞自溶体电镜照片。可见次级溶酶体内有线粒体的残骸。试与初级溶酶体相比较。最后观察小鼠回肠细胞的多囊体照片。多囊体是一种次级溶酶体，呈圆形，颜色深，其中有许多泡状结构，即多个吞饮小泡。

7. 过氧化物酶体（观察 13 号照片）

观察大鼠肝细胞电镜照片（13 号）。可见过氧化物酶体呈球形，由单层膜包被，内部无嵴，电子密度小，内有一个深色的结构，叫类核体。人类肝细胞过氧化物酶体没有类核体的结构。试与线粒体、溶酶体的形态和结构作比较。

8. 微管和微丝（观察 14 号照片）

观察大鼠肾小球细胞中的微管和微丝纵切面照片。微管较粗，横径 20～70nm，管状结构，边缘部分颜色较深，是管壁，中部色较浅，是管腔。微丝较细，横径 4～5nm，只有微管的 1/5 左右，甚至更细些，微丝是实心的丝状结构，颜色较深而均匀。

9. 中心粒（观察 15 号、25 号照片）

观察鸡胚胎膜腺细胞中心体照片。先看图 B 是中心体的纵切面。可见中心体由两个相互垂直的中心粒组成，每个中心粒都是短筒状，纵切面上可见有颜色较深的管状结构是组成中心粒的微管。再观察图 A，是中心粒的横切面，可见每个中心粒由九组三联微管组成，每组微管叫做中心粒小轮，九个中心粒小轮斜行排列，形如风车的叶片。每个中心粒小轮由 A、B、C 三个斜行排列的微管组成。

10. 核膜（观察 16 号、17 号照片）

观察两栖动物肠上皮细胞电镜照片。照片右上角是细胞核的一部分。细胞核的最外侧可见颜色较深的双轨道状结构，是核膜。它由双层单位膜构成，外层膜叫核膜外层；内层膜叫核膜内层。二层膜之间的腔隙叫核周腔（注意：不要误认为单位膜的三夹板式结构）。核膜外层外表面可见有深色的颗粒状结构，为核糖体。核膜外层单位膜和核膜内层单位膜融合形成一个圆形小孔是核孔。核膜及核孔是细胞核与细胞质之间物质交流的通道。结合胚胎间叶细胞核膜立体照片（冰冻蚀刻），观察核膜的构造及核孔的外形和分布。

11. 核仁（观察 18 号、19 号照片）

电镜下，核仁是一个无膜包被的裸露结构，位于细胞核中，呈线网状或团块状。包括颗粒区、纤维区与核仁相连的染色质和核仁基质四部分。核仁在细胞周期中有周期性的变化。

观察豚鼠膜腺泡细胞核电镜照片。在细胞核中部有一色深的网状结构即为核仁。核仁无膜包被，外周部有许多致密的深染颗粒状结构是颗粒区，中心部分是纤维组成，叫纤维区。纤维区纤维直径较小，颗粒区颗粒直径较大，是核糖体的前体物质。纤维区和颗粒区内充满与细胞核基质电子密度一样的物质，是核仁基质。核仁周围及内部都有染色质分布，但不易与纤维或颗粒相区分。

12. 染色质和染色体（观察 19 号、23 号照片）

在间期细胞核中，可见到染色质。细胞分裂时染色质经螺旋化形成有一定数目和形态的染色体，因而染色质和染色体是同一物质在细胞间期和分裂期的不同形态表现。观察两栖动物肠上皮细胞电镜照片和豚鼠浆细胞电镜照片上的细胞核，可见核膜内缘和细胞核基质中有许多染色较深、形态不规则、大小不等的颗粒和团块，是异染色质。在细胞核的其余部分可见染色较浅，结构较疏松的颗粒状或细丝状的结构，是常染色质。常染色质螺旋化程度较低，较疏松、故色浅；异染色质螺旋化程度较高，扭曲集中到一起，故色深。

观察人类 12 号染色体电镜照片。注意染色体是由染色质高度螺旋化形成的棒状结构。分裂中期的染色体具有两条染色单体，并由一个共同的着丝粒连在一起。着丝粒位于主缢痕区。主缢痕是染色体最狭窄的部分，把染色体分为短臂和长臂两部分。

13. 整体细胞（观察 25 号照片）

观察大鼠肝细胞电镜照片（25 号）。照片上可见到多种细胞超微结构，你能分辨出它们吗？试比较其形态、大小和结构特点。

实验七　细　胞　分　裂

一、实验目的要求

（1）掌握细胞有丝分裂各时期的形态变化点。
（2）掌握动物生殖细胞减数分裂的基本过程及各期的形态特征。
（3）了解蝗虫精巢生殖细胞减数分裂临时玻片标本的制备方法。
（4）进一步掌握显微镜的使用方法和镜下绘图法。

二、实验内容

（一）有丝分裂

取马蛔虫子宫横切片，先用低倍镜观察，可见在马蛔虫子宫腔内有许多圆形的受精卵细胞，每一个卵细胞外面均有一层较厚的卵壳，卵壳与卵细胞之间的空隙是围卵腔。观察时注意不要把卵壳误认为是细胞膜。

马蛔虫子宫内的受精卵均处于有丝分裂的各个时期。慢慢移动玻片标本，根据下述有丝分裂各期的形态特点，分别选择处于各时期的细胞，换用高倍镜观察。

1. 前期

细胞分裂开始时，细胞核膨大，中心粒出现，两个中心粒分别向细胞的两极移动，在每一中心粒周围出现放射状的丝状结构，叫作星射线。染色质逐渐螺旋化成丝状，进一步螺旋化形成有一定形态和一定数目的染色体。核仁、核膜逐渐消失。在切片标本上，染色体呈细丝状、点状或短棒状无规则地分散在细胞质中，可见到一个中心粒或一个也看不到，这样的细胞都属于处于分裂前期的细胞。

2. 中期

两中心粒分别移到细胞的两极，两中心粒之间出现许多细丝，叫纺锤丝。这些纺锤丝形成一纺锤样结构叫纺锤体。染色体整齐地排列在纺锤体中央，形成一平面叫赤道板。在切片标本上，染色体呈放射状排列似花（极面观）或呈"一"字形排列（侧面观），在细胞的两极或一极可看到两个或一个中心粒，两中心粒之间有纺锤体（侧面观）的细胞都是处于中期的细胞。调节小螺旋，可见有些纺锤丝与染色体的着丝粒相连（染色体丝），有的纺锤丝纵贯两极之间（连续丝），不与染色体相连。

3. 后期

与纺锤丝相连的着丝粒分裂，使每条染色体分裂成两条染色体。全部染色体分成数目相等、形态相同的两组染色体。两组染色体在纺锤丝的牵动下分别向细胞的两极运动。在切片标本上，可见每条染色体的着丝粒向着细胞一极，染色体两臂朝向细胞中部，形成"V"字形。两组染色体像两把相对的梳子分别向细胞两极移动。在两组染色体之间仍可见有纺锤丝（中间丝）的分布。

4. 末期

染色体已移到细胞两极，并逐渐变为细丝状，最后恢复成染色质状态。重新出现核仁、核膜。中心粒和纺锤丝消失，细胞膜在细胞的中部内陷，随着细胞膜内陷加深细胞质分成两等分，形成两个子细胞。在切片上，可见到分别到达两极的两组染色体轮廓变模糊，细胞中部的细胞膜正在内陷，或已形成两个细胞的都属于处于分裂末期的细胞。

（二）减数分裂

用于研究动物细胞减数分裂的材料有多种。常用的有蝗虫精巢、小鼠精巢与青蛙精巢等。蝗虫染色体数目较少，便于观察、操作简便，取材方便，被广泛采用。

蝗虫体细胞有常染色体 11 对，性染色体因性别不同而异，雌蝗虫有一对 X 染色体，雄蝗虫只有一条 X 染色体，故雌蝗虫有 24 条染色体，雄蝗虫有 23 条染色体。在生殖细胞形成过程中，经减数分裂，形成的卵都具有 12 条染色体，形成的精子，一半有 11 条染色体，一半有 12 条染色体。

蝗虫精子在精巢内，由精巢小管上皮发生。精巢小管一端盲闭（盲端）游离，另一端开口于输精管，称附着端。从盲端到附着端，依次分成不同区域，也依次分布着由增殖期、生长期、成熟期至变形期不同阶段的生殖细胞。在盲端可见精原细胞和初级精母细胞，在中段可见处于减数分裂各期的细胞，在附着端可见到不同时期的精细胞与由精细胞变态而成的精子。

1. 蝗虫精巢临时玻片标本制备

（1）取材：取经固定的雄蝗虫一只，用眼科剪剪去胸部的翅与附肢，再沿腹部背中线剪开体壁，用镊子分离出位于消化管背面的黄白色精巢于培养皿内，精巢由许多精细管构成。用大头针小心分离单个的精细管放在载玻片上，用蒸馏水冲洗数次。

（2）染色：用 1mol/L HCl 处理精细管 10min，然后用蒸馏水冲洗 2～3 次，用滤纸吸去多余水分。再滴 1～2 滴改良的苯酚品红染液，用镊子将精细管轻轻压碎，染色 12～24h（以上过程由实验准备室完成）。

（3）压片：用镊子从培养皿中取数根正染色的精细管放在载玻片上，加盖玻片，再垫上一小块滤纸，把玻片放在实验台上靠边缘处，用拇指垂直向下用力压盖片（注意勿使盖片滑动），使组织铺开成一薄层，吸去多余染液。

2. 观察

在低倍镜下找到要观察的标本，换用高倍镜并进而换油浸镜观察。按下述减数分裂各时期的形态特点，寻找不同时期的生殖细胞，仔细观察。

（1）精原细胞（$2n$）：细胞较小呈圆形或椭圆形，细胞核大而明显，染色质深染呈块状，不规则。

（2）初级精母细胞（$2n$）：由精原细胞发育而成。初级精母细胞在经过第一次成熟分裂后，形成两个次级精母细胞，其间经历下述各时期：

1）前期 I

a. 细线期：细胞核开始膨大，核仁明显，染色体呈细线状，极细而长，绕作一团，互相难以分辨。

b. 偶线期：同源染色体配对（联会）形成二价体。二价体细长绕作一团，彼此分辨不清，但在某些部分可看到有两条细线。偶线期极短，不易观察到。X 染色体呈异固缩状态，在核膜边缘。

c. 粗线期：二价体比偶线期时变粗变短，仍绕作一团，但较疏松。每个二价体中的两条同源染色体各含有两条染色单体（姐妹染色单体），即每个二价体由四条染色单体组成，又叫四分体，但标本上不易看清。这时的二价体改称四分体。

d. 双线期：四分体更短更粗，彼此已能分清，四分体的两条同源染色体彼此分离，但在同源染色体的非姐妹染色单体间发生交换的地方（交叉点），扭结在一起，形成交叉图像。

e. 终变期：四分体变得很短很粗，由于交叉点移向染色体的两端（端化），形成"+"型、"O"型或"x"型等各种形态。核仁、核膜消失。

2）中期 I：四分体已达极短极粗程度，各种形态的四分体在细胞中央排列成一个平面。从极面观似花，从侧面观呈一横线，注意观察是否可见到纺锤体。

3）后期 I：在纺锤丝的牵动下，同源染色体彼此分离，每个四分体分裂成两个二分体，原来的一组染色体分裂成两组染色体，两组染色体分别向细胞的两极移动。

4）末期 I：两组二分体分别移到细胞的两极，并解螺旋形成染色质。核膜、核仁重新形成，最终形成两个细胞核，进而细胞质分裂，形成两个子细胞，此即次级精母细胞（n）。

（3）次级精母细胞（n）：次级精母细胞经过短暂的间期，染色体不复制，即进入第二次减数分裂。结果，每个次级精母细胞分裂成两个精细胞，其间经历下述各时期：

1）前期 II：核仁、核膜重新消失。这一时期很短暂，染色体形态与后期 I 相似，此时期不易观察到。

2）中期 II：二分体排列在细胞中部形成赤道板，从侧面看，染色体呈一直线，极面观染色体排成一圈。此期细胞比中期 I 时细胞小，染色体也细小，其形态与有丝分裂时染色体相似。由于经减数分裂 I 形成两个子细胞，所以往往看到两个中期 II 细胞靠拢在一起。

3）后期 II：每个二分体的着丝粒分裂，姐妹染色单体分离，形成两条染色体，全部二分体分裂成两组染色体，每组有 n 条染色体，两组染色体分别向细胞两极移动。

4）末期 II：两组染色体分别到达细胞的两极，逐渐聚集成团，形成染色质。核膜、核仁重新出现，形成两个细胞核，进而形成两个精细胞。精细胞比次级精母细胞更小。镜下有时可以看到四个靠拢在一起的处于末期 II 的细胞，即由一个初级精母细胞，经减数分裂 I 和减数分裂 II，最后形成四个精细胞（n）。

实验八　设计型实验

题目：动物细胞融合、细胞核的分离与鉴定（任选一个）。

实验要求：

（1）4～6人一组，每组完成一份设计报告并制作一个幻灯片汇报报告并回答：

1）"细胞核是怎样的结构?怎样才能观察到它?"

2）"什么是细胞融合?怎样观察到该现象?"

（2）第三次实验交报告，第五次实验讨论。

《医学遗传学》实验指导

实验一　人类外周血淋巴细胞培养及染色体制备

早在1848年，Hofmeister发现了染色体，1888年由Waldeyer将它命名为染色体。染色体是生物细胞中的一个重要的组成部分，每一物种都有一定数目及一定形态结构的染色体。染色体能通过细胞分裂而复制，并且在世代相传的过程中具有稳定地保持形态、结构和功能的特征。

染色体存在于细胞核内，只有当细胞分裂时在其前期末到中期才表现出典型的染色体形态。简单地讲，染色体就是细胞分裂中期内能被碱性染料染色的棒状小体，就其本质而言，染色体是遗传物质的载体。人类99%的遗传物质位于染色体上。

染色体的化学成分是DNA、RNA和蛋白质。

一、实验目的要求

（1）了解人类外周血淋巴细胞短期培养的原理。
（2）初步掌握人类外周血淋巴细胞短期培养的方法。

二、实验原理

（1）外周血中的淋巴细胞几乎都是处在暂不增殖期，一般情况下是不分裂的。当在培养基中加入植物凝集素（phytohemaggluttin，PHA）时，这种小淋巴细胞受到刺激后转化为淋巴母细胞，并开始进行有丝分裂。短期培养后，经秋水仙碱处理、低渗和固定，即可得到大量的有丝分裂细胞。人体的1ml外周血内一般含有约1×10^6～3×10^6个小淋巴细胞，足够染色体标本制备和分析之用。这种培养方法是Moorhead于1960年建立的。在人类遗传分析中普遍采用外周血培养的方法获取分裂的细胞，进而开展临床和遗传学的研究，这对于遗传疾病的检出以及遗传咨询等工作发挥了重要作用。

（2）PHA是从红肾豆（*Phaseolus uulgaris*）和深蓝豆（*Phaseolus communis*）的盐提取液中得到的一种黏蛋白。在早期的实验中将它用于红细胞的凝聚反应，20世纪60年代发现它具有刺激细胞进行有丝分裂的作用，得到更为广泛的应用。

（3）培养基的成分对于细胞的分裂繁殖有重要的影响，当在培养基中加入体积分数10%～40%的血清时能够维持细胞正常的代谢活动。同时，较多的血清还将更有效地控制培养基的pH值。

（4）实验表明：当人体外周血的培养温度为36～37℃时，有丝分裂活性的高峰在60～72h；若将培养温度严格控制在38℃时，有丝分裂的高峰可提前到48h；若培养温度高于39℃时，则导致细胞的死亡。

（5）秋水仙碱可以抑制细胞纺锤体的形成，使处在分裂的细胞停留在中期。因此利用秋水仙碱处理可以获得许多同步的中期分裂细胞，但是由于使用秋水仙碱处理会引起染色体在一定程度上的浓缩，因此在处理时间和浓度上要合适。一般使用秋水仙碱的浓度在0.1～0.2μg/ml。

（6）徐道觉（T.C.Hsu）等于1952年发现在固定细胞之前使用低渗液进行处理，可以使细胞膜吸水膨胀而破裂，染色体分散开来，在显微镜下易于观察和统计，染色效果也明显提高。这种技术被广泛采用后，人类染色体分析技术得到了发展。

三、实验内容

（一）细胞培养

1. 培养基的配制

在超净工作台中，按每培养瓶含以下成分和比例：

RPMI-1640	4ml
小牛血清	1ml
PHA	1mg
肝素钠	0.2ml
双抗（青、链霉素）	0.01ml

以 5% $NaHCO_3$（无菌）溶液调 pH 至 7.2～7.4。

用刻度吸管分装入培养瓶（5ml/瓶），4℃备用。

2. 采血

酒精消毒皮肤，肘静脉采血1时，打开培养瓶盖，向5ml培养基中注入0.3～0.5ml全血，轻摇匀后置37℃恒温箱培养。

3. 培养

时间为72h。培养期间，定期轻摇匀，使细胞充分接触培养基。

4. 秋水仙碱处理

终止培养前3～4h，在培养液中加入秋水仙碱（用1ml注射器5号针头滴加2滴，使终浓度为0.05μg/ml）。

以上步骤均需无菌操作。

（二）染色体制备（图3）

1. 收集淋巴细胞

将培养物全部转入洁净离心管中，以1000r/min离心5min，弃上清液。

2. 低渗处理

向刻度离心管中加入预温37℃的低渗液4ml时，用滴管混匀，置37℃恒温水浴中低渗40min。

3. 预固定

低渗后加入0.5ml新配制的固定液（甲醇3份、冰醋酸1份），轻轻混匀后1200 r/min离心5min，弃上清液。

4. 固定

弃上清液，向离心管沉淀中加入4ml固定液，轻轻混匀，冰箱冷藏室里静置20min。1200r/min离心5min，弃上清液。

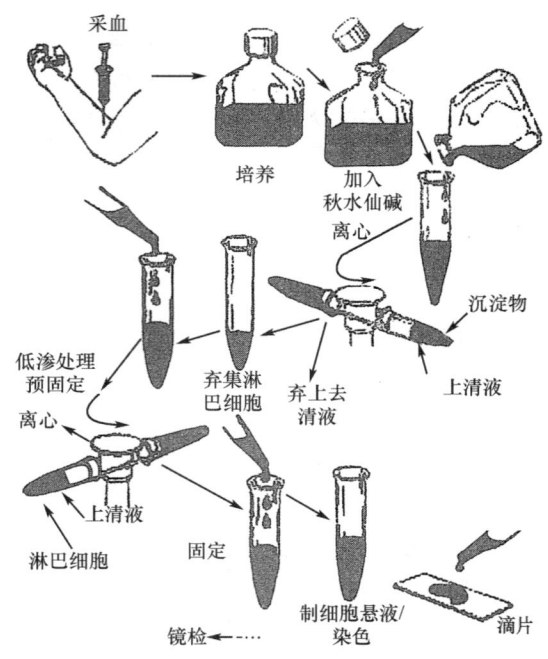

图 3　人类外周血染色体标本制备过程

5. 制悬液

弃上清液后，视细胞数量多少加入适量新配制的固定液（甲醇 1 份、冰醋酸 1 份）制成细胞悬液。

6. 滴片

吸取细胞悬液，自 50cm 高处将 1～2 滴悬液滴在一张在冰水中冰冻结微冰的载玻片上，轻吹散，气干，冲洗，再干。

7. 染色

制备 1：9 Giemsa 染液，染色 10min，细水洗去多余染液，气干。

8. 镜检

低倍镜下寻找分散良好、染色适中的分裂象，油镜下观察染色体形态并计数。

四、注意事项

（1）培养温度应严格控制在 37±0.5℃，培养液最适合 pH 为 7.2～7.4。

（2）秋水仙碱处理时间过长，分裂细胞多，染色体短小；反之，则少而细长，都不宜观察形态及计数。故秋水仙碱的浓度及时间要准确掌握。

（3）低渗使红细胞膜破裂，淋巴细胞膨胀，低渗处理浓度及时间要适当。低渗后混匀细胞一定要轻，否则引起膜破裂、染色体散失。

（4）离心前配平，离心速度过高，细胞固不易打散；反之，细胞易丢失。

（5）固定液应在使用前临时配制。

（6）载玻片一定要洁净，否则染色体分散不好。

实验二　正常人 G 显带染色体核型分析

一、实验目的要求

（1）掌握 G 显带染色体核型分析的方法。
（2）熟悉人类染色体 G 显带带型特征。

二、实验原理

（一）显带技术

用不同方法处理染色体标本，再以不同染料染色，可使每条染色体沿其纵轴显示出明暗相间或深浅不一的固定横纹，称带型。这种技术叫显带技术。使用不同显带技术染色体上显示出的带型不同。20 世纪 70 年代以来，已发现多种显带技术（例如：Q 显带、R 显带、C 显带等），其中 G 显带方法简单，带纹沿染色体纵长连续分布，被广泛应用。

G 显带是将染色体标本用胰蛋白酶等试剂处理，再用 Giemsa 染液染色。关于 G 显带的机制，目前有多种说法。例如，Lee 等认为染色体是由 DNA 与组蛋白结合形成的，DNA 分子上结合疏松的组蛋白易被胰蛋白酶等分解掉，则该区段显示浅染带，而与 DNA 牢固结合的组蛋白不易被分解，则该区段显示深染带。用 Giemsa 染色后，这些带的深浅就更清楚。另外有人认为染色体本身具有的结构经染色处理显出来的带不同，一般认为 G 显带时，DNA 分子中含 A、T 多的区段着色深；含 G、C 多的区段不着色则呈浅染带。

（二）人类的正常核型

核型是指一个细胞中的全部染色体，按其大小、形态特征按顺序排列所构成的图像。对这些图像进行染色体数目、形态结构特征的分析叫核型分析。将正常人体细胞的 46 条染色体分为 23 对，7 个组（A、B、C、D、E、F 和 G 组）。

在描述一个核型时，首先写出染色体总数（包括性染色体），然后是一个","号，最后是性染色体组成。正常男性核型描述为 46，XY；女性为 46，XX。

三、实验内容与方法

（一）认识正常人体细胞各条染色体 G 带带型特征

A 组：

1 号染色体：中央着丝粒染色体。短臂：分 3 区，近侧段有两条深带，近侧的第一条深带为 1p21，第二条深带为 1p31。远侧段有 3~4 条淡染的深带或不明显的浅染区。长臂：紧贴着丝粒为一深染的次缢痕，次缢痕的远侧为一宽的浅染带，浅染带以远，可分成中段与远侧两部分，中段有两条深染带，其远侧带较浓；远侧也有二条深染带。长臂共分 4 区，次缢痕为 1q12，其远侧的宽浅染带为 1q21，中段第二条深带为 1q31，远侧

第一条深带为 1q410

2 号染色体：亚中着丝粒染色体。短臂共分 2 区。可见四条深染带，中间两条带相距较近，其间的浅染带为 2p21。长臂分 3 区。可见 7 条深染带，第 3、4 带有时融合。第 2～3 深带间的浅染带为 2q21，第 4～5 深带之间的浅带为 2q31。

3 号染色体：中央着丝粒染色体。短臂分 2 区，近侧段有两条较宽的深带，远侧段也有两条深带，其中最远侧深带染色略浅且较窄，中段有一条明显的浅染带为 3p21。长臂分 2 区，在近侧段、远侧段各有一条宽的深带，中段为一宽浅带。在较好的标本上，近侧深带又分为两条深带，远侧深带又分为 3 条深带，中段浅带为 3q21。3 号染色体呈蝴蝶结状。

B 组：

4 号染色体：亚中着丝粒染色体。短臂有 1 区，可见两条深带，但近侧深带较浅。长臂有 3 区，均匀分布四条深染带。近侧段第 1 和第 2 深染带间的浅带为 4q21，远侧段的两条深染带间的浅带为 4q31。在较好的标本上，远侧两条深染带各自分为两条深带。

5 号染色体：亚中着丝粒染色体。短臂分 1 区，有两条深染带，但远侧带浓重。长臂分 3 区，近侧有一条较宽深染带，染色较淡，中段有三条深染带，有时融合在一起，远侧有两条深染带，以远侧一条染色深。中段三条深染带中，以第二条深染带为 5q21，中段深带与远侧深带间的浅带为 5q31。

C 组：

6 号染色体：亚中着丝粒染色体。短臂分 2 区，近侧一条深染带紧贴丝粒，远侧有一条深染带，在较好的标本上可再分为两条深带，在近侧、远侧深染带之间有一条宽阔而明显的浅带为 6p21，以此为 6 号染色体的特点比拟为"小白脸"。长臂分为 2 区，可见五条深染带，近侧第一条带紧贴着丝粒，远侧最末一条深染带染色淡。在第 2～3 条深染带间的浅染带为 6q21。

7 号染色体：亚中着丝粒染色体。着丝粒处染色深。短臂较长分 2 区，有 3 条深染带，近侧深带紧贴着丝粒，远侧深带染色最浓、最深，中段深带色淡不明显，形似"瓶盖"，远侧深带为 7p21。长臂分三区，有三条深带，远侧端深带着色淡，不明显其余二条深带明显，近侧深带为 7q21，第二条深带为 7q31。

8 号染色体：亚中着丝粒染色体。短臂分 2 区 9 有两条深带，中段有一条较明显的浅带，为 8p21。长臂分 2 区，有三条深带，中段深带为 8q21，远侧深带明显，是与 10 号染色体相鉴别的主要特征。

9 号染色体：亚中着丝粒染色体。着丝粒着色浓。短臂分 2 区，近侧段和中段各有一条深带，中段深带为 9p21。长臂分 3 区，可见明显的两条深带，近侧为 9q21，远侧 9q31。近着丝粒区有次缢痕，在有的标本上稍细长，呈现出特有的"苗条"。

10 号染色体：亚中着丝粒染色体。着丝粒着色浓。短臂有 1 区，有明显的两条深带在近侧段与中段。长臂分 2 区，有三条明显的深带，远侧段的两条深带稍靠近，近侧段深带染色深为 10q21，与 8 号染色体相鉴别。

11 号染色体：亚中着丝粒染色体。短臂只有 1 区。近中段有一条深带，长臂分 2

区。近侧有一条深带，紧靠着丝粒。中远侧段有一条明显的较宽的深带，这两条深带之间有一条更宽的浅带。有的标本上远侧端有一浅染深带。

12号染色体：亚中着丝粒染色体。短臂只有1区。中段有一条深带。长臂分2区，近着丝粒区，紧靠着丝粒有一深带，中段有一较宽的深带，两条深带之间为一较宽浅带，与11号染色体长臂比较，略显窄些，故深带较11号深带接近于近侧深带。

X染色体：介于6号染色体与7号染色体长度之间的亚中着丝粒染色体。短臂分为2区，中段有一明显深带，为Xp21。长臂分2区，有3~4条深带，近中段的一条最明显，为Xq21，以着丝粒为中心，与短臂中段的深带对称。

D组：

13号染色体：近端着丝粒染色体。着丝粒区深染。短臂仅有1区，有时可见其末端有随体，长臂分3区，有4条带，以中间两条深带较宽，染色较深，分别为13q21和13q31。

14号染色体：近端着丝粒染色体。着丝粒染色深。短臂末端有时可见随体。长臂分3区，有四条深带，近侧三条深带相距较近，以中间一条最明显为14q21，远侧深带为14q31。

15号染色体：近端着丝粒染色体。着丝粒区深染。短臂末端有时可见随体。长臂分为2区。中段有一条深带为15q21。

E组：

16号染色体：中央着丝粒染色体。短臂只有1区，中段有一条深带。长臂分2区，近侧段和远侧段都有一条深带，但远侧段的一条深带有时不明显。次缢痕着色浓，着丝粒深染。近侧深带为16q21。

17号染色体：亚中着丝粒染色体。短臂只有1条深带，紧贴着丝粒，为1区2带。长臂分2区，远侧段有一条明显深带，与着丝粒之间有一宽的浅带，为17q21。

18号染色体：亚中着丝粒染色体。短臂仅为一条浅带。长臂分2区，近侧与远侧各有一条深带，两深带间有一浅带，为18q21。

F组：

19号染色体：中央着丝粒染色体。着丝粒及其周围深染，其余全为浅带。

20号染色体：中央着丝粒染色体。着丝粒区深染。短臂有一条明显深带。长臂远侧有一较浅的深带，与短臂相比，很有头重脚轻之感。

G组：

21号染色体：近端着丝粒染色体。短臂末端有时可见随体。长臂分1区，中段有一条明显深带，为21q21。

22号染色体：近端着丝粒染色体。着丝粒区深染。长臂可见两条深带，近侧深带紧贴着丝粒，近中段有一条深带着色较淡，为22q12。

Y染色体：近端着丝粒染色体。短臂末端没有随体。两长臂并拢，有时整个长臂深染，有时在远侧段可见两条深带。

（二）正常人 G 显带核型分析

因实验条件不同，核型分析可分为照片核型分析和镜下核型分析两种。本实验是照片核型分析。步骤如下：

（1）取 G 显带中期分裂象显微摄影照片，计数染色体总数。

（2）用解剖剪沿各染色体边缘，稍留空隙，将每条染色体照片剪下，放在培养皿内。待全部染色体剪完后，再计数一次，避免漏剪或遗失。

（3）按各号染色体 G 带带型特点，在培养皿内将同源染色体配对，再按染色体分组标准，分成 7 组。先找出 A、B、D、E、F、G 组，最后辨认 C 组。反复调整，确认无误。

（4）制备核型图。让各组染色体的着丝粒压在横线上，短臂在上，长臂在下依次用胶带贴在实验报告纸上。性染色体可贴在 G 组染色体之后，也可将 X 染色体贴在 C 组之后，Y 染色体贴在 G 组之后。

（5）写出核型。

实验三　人类 X 染色质标本的制备和观察

一、实验目的要求

（1）掌握 X 染色质标本的制备、观察与分析方法，在显微镜下正确识别 X 染色质，即 Barr 小体的形态特征及所在部位。

（2）了解 X 染色体失活的有关假说及失活 X 染色体上的基因所控制的遗传性状的特点。

二、实验原理

1949 年，加拿大学者 Barr 等人在雌猫的神经元细胞核中首次发现一种染色较深的浓缩小体，而在雄猫则没有这种结构。进一步研究发现，除猫外，其他雌性哺乳动物（包括人类）也同样有这种显示性别差异的结构，而且不仅是神经元细胞，在其他细胞的间期核中也可以见到这一结构，称之为巴氏小体，也称为 X 染色质或 X 小体。

Barr 小体是由雌性哺乳动物体细胞中失活的 X 染色体在间期细胞核中呈异固缩状态（染色质高度螺旋化），形成直径约 1μm，贴近于核膜边缘的浓染小体，呈三角形或半月形，这主要是因为这条染色体处在失活状态所致。在人类中，正常男性个体出现 Barr 小体的比例约为 1%，正常女性的细胞只可能出现一个 Barr 小体，比例为 15%～35%。对于具有性染色体畸变的个体来说，Barr 小体出现的数目等于细胞内 X 染色体的数目减 1。如表 1。

表 1　性染色体组成与 X 染色质数目的关系

性染色体组成	性别	X 染色质数目
XY	男	
XX	女	1
XXY	男	1
XXX	女	2
XXXX	女	3

正常女性细胞中有两条 X 染色体，其中一个异固缩化，成为 X 染色质（Barr 小体）；X 染色质的数目是 X 染色体总数减一。正常女性间期细胞中，X 染色质阳性检出率为 15%～35%，男性细胞中则平均低于 1%（0～10%）。但在 Klinefelter 综合征（47, XXY）患者细胞核中可见到 X 染色质。因此，通过 X 染色质数目的检查，可以鉴定性别和性别畸形。

本实验取口腔颊黏膜细胞进行染色观察，正常女性口腔颊黏膜细胞中，X 染色质约 15%左右，平均 16.4%，不超过 30%～35%，仅含 1 个 X 染色质。男性只有 0～3%，平均 0.7%。

（一）材料和方法

1. 材料

（1）材料来源：正常女性口腔颊黏膜细胞。

（2）仪器：显微镜、载玻片、盖玻片、牙签、吸水纸、吸管。

（3）试剂：1mol/L HCl、HCl、硫瑾染液蒸馏水。

2. 方法

（1）取材：先漱口 2~3 次，将口腔内杂物漱出。然后用牙签的钝面刮取口腔颊部黏膜细胞，涂于清洁干燥的载玻片上，晾干。

（2）解离：在固定好的载玻片上滴加适量的 1mol/L HCl 静置解离 10min。

（3）漂洗：用吸水纸吸去 HCl，倾斜载玻片，用蒸馏水由上往下滴加清洗 3 次。

（4）染色：往载玻片上滴加适量硫瑾染液，染色 10~20min（时间由染液浓度决定）。

（5）漂洗：用吸水纸吸去染液，倾斜载玻片，用蒸馏水由上往下滴加清洗 3 次，晾干。

（6）镜检：将制好的装片放到显微镜下观察。

（二）结果

经计数含有巴氏小体的细胞约占 18%（统计了 50 个细胞）。

在显微镜下挑选染色呈网状或颗粒状；核膜清晰，无缺损；染色适度，周围无杂质的细胞观察。Barr 小体在镜下观察呈一浓染小体，其轮廓清楚，大小为 1μm 左右，常附在核膜边缘或靠近内侧。形状有椭圆形、三角形、卵形、短棒形等。

三、注意事项

（1）清洗载片，保证绝对洁净。

（2）刮口腔上皮前要漱口，防止口腔细菌和食物残渣污染。

（3）第一次刮下的脱落细胞弃去，在原位重复刮 2~3 次。

（4）涂片略干再加 HCl。

（5）染色时间不要太长，否则核质着色深，X 染色质、体不易区分；过短则着色不够，难以观察。

（6）可数细胞的标准：核质染色呈网状或颗粒状；核膜清晰，无缺损；染色适度，周围无杂质。

实验四 系谱分析

一、实验目的要求

（1）学习判断所给系谱的遗传方式的方法。
（2）学习再发风险的计算方法。

二、实验内容、原理与方法

（一）原理

系谱分析（pedigree analysis）是指将调查某患者家族成员所得到的该病或性状发生情况的资料，按一定格式绘制成图解（系谱）。绘制系谱图时采用统一的符号以表示家系中各个成员情况和相互之间的关系。对某病或性状遗传方式的判断必须进行多个系谱综合分析后才能做出准确结论。

（二）判断下列系谱的遗传方式，并说明理由

1.

2.

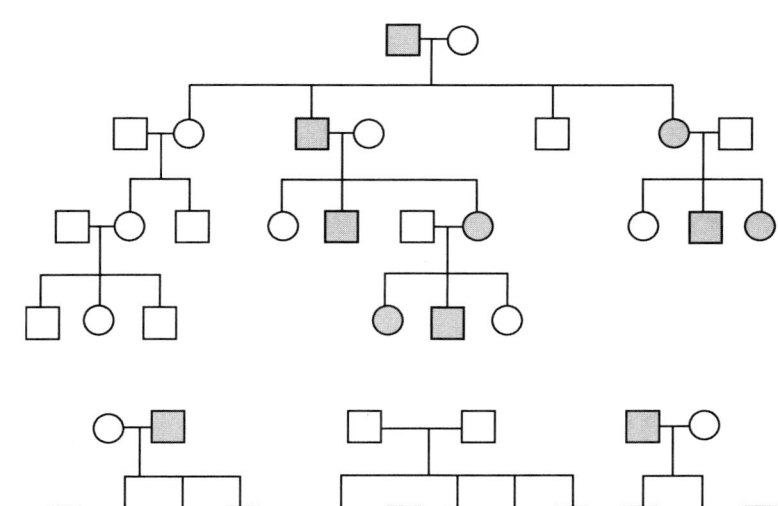

3.

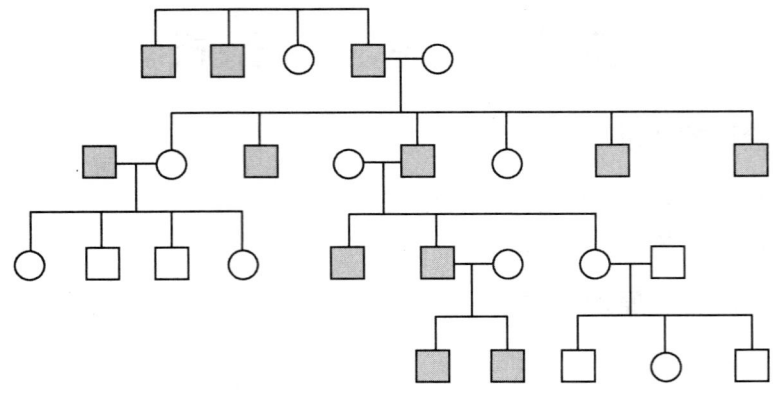

4.

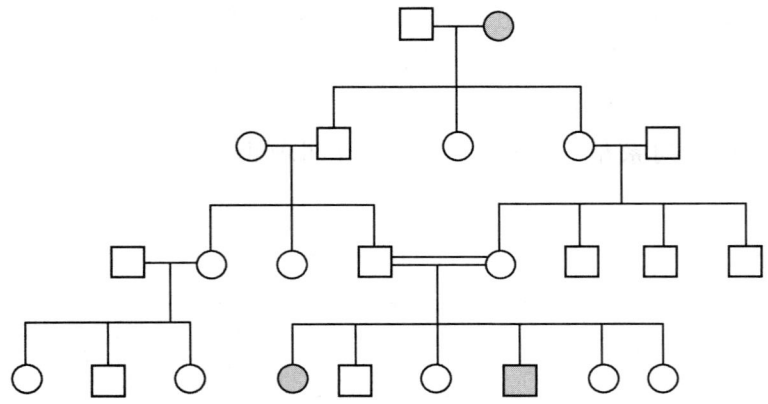

5.

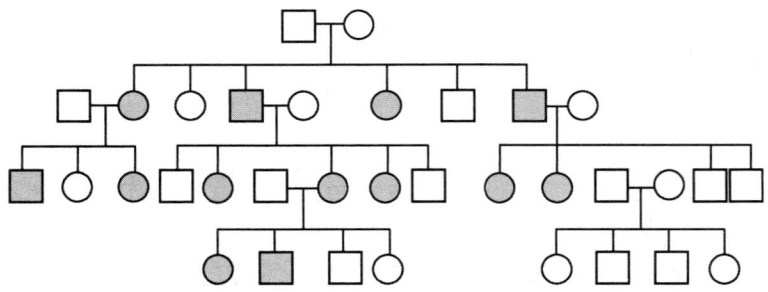

(三) 计算再发风险

(1) 这是一个 Nance-Horan 综合征的系谱。Nance-Horan 综合征是一类罕见的遗传性疾病，患者具有白内障和不正常形状牙齿等症状。

1) 依据该系谱，请判断 Nance-Horan 综合征的遗传方式？

2) 如果Ⅲ-7 和Ⅲ-8 夫妇再生育一个孩子，那么该孩子患有 Nance-Horan 综合征的概率是多少？

3) 如果Ⅲ-2 和Ⅲ-7 结婚，他（她）们的孩子患有 Nance-Horan 综合征的概率是多少？

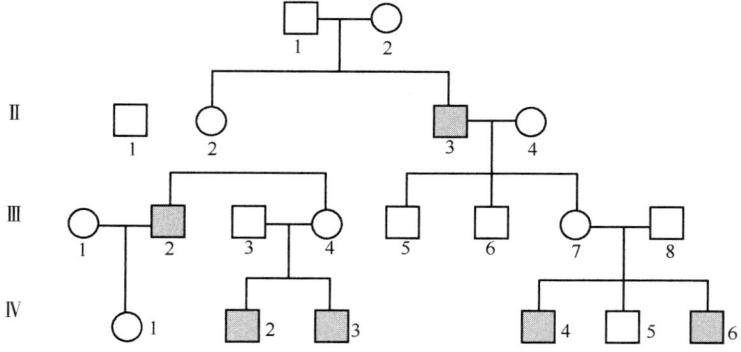

（2）已知控制下面系谱中患者表型的为一个显性基因，那么：

1）Ⅱ-1 为杂合子的可能性是多少？

2）下列表兄妹婚配后，出生患者的概率是多少？

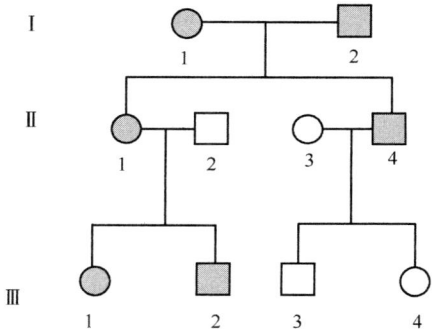

a. Ⅲ-1×Ⅲ-3；

b. Ⅲ-2×Ⅲ-4。

（3）已知控制下面系谱中患者表型的为一个隐性基因。该疾病在一般人群中的发病率非常低，假设婚配入该家族的正常个体均为纯合子，除非有证据显示该正常个体为杂合体。下列个体婚配后出生患者的概率是多少？

①Ⅲ-1×Ⅲ-12；②Ⅲ-4×Ⅲ-15；③Ⅲ-6×Ⅲ-13；④Ⅳ-1×Ⅲ-2。

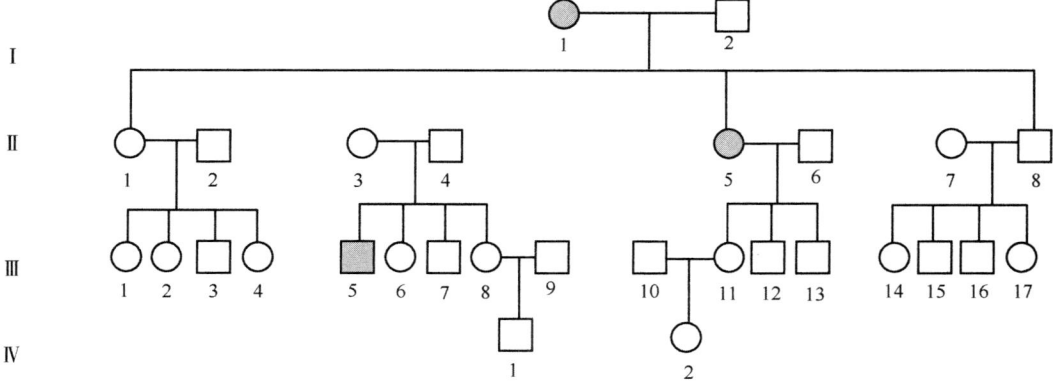

实验五　人类皮纹分析

一、实验目的要求

（1）掌握皮纹分析的基本知识和方法。
（2）了解皮纹分析在遗传学中的应用。

二、实验原理

人体的手、脚表面具有特定的皮肤纹理，简称皮纹。人类的皮肤由表皮和真皮构成。真皮乳头向表皮突起，形成许多排列整齐、平行的乳头线，此线又称嵴纹。嵴纹上有许多汗腺的开口，突起的嵴纹之间形成凹陷的皮沟。这些凹凸的纹理就构成了人体的指（趾）纹和掌纹。目前，皮纹学的知识和技术广泛应用于人类学、遗传学、法医学以及作为临床某些疾病的辅助诊断。

人体的皮纹既有个体的特异性，又有高度的稳定性。皮纹在胚胎发育第 13 周开始出现，第 19 周左右形成出生后终生不变。

三、实验用品和材料

放大镜、印台、印油、白纸、直尺、铅笔、量角器。

四、实验方法和步骤

将双手洗净、擦干，把全手掌在印台上均匀地涂抹上印油，五指分开按在白纸上。注意用力不宜过猛过重，不能移动手掌或白纸，以免所印皮纹重叠而模糊不清。

（一）指纹观察

手指末端腹面的皮纹称为指纹。根据纹理的走向和三叉点的数目可将指纹分为三种类型：弓形纹、箕形纹、斗形纹（图 4）。

1. 弓形纹（arch，A）

特点是嵴纹由一侧至另一侧，呈弓形，无中心点和三叉点。根据弓形的弯度不同分为简单弓形纹和篷帐式弓形纹。

2. 箕形纹（loop，L）

箕形纹俗称簸箕。在箕头的下方，纹线从一侧起始斜向上弯曲，再回转到起始侧，形状似簸箕。此处有一呈三方向走行的纹线，该中心点称三叉点。根据箕口朝向的方位不同，可分为两种：箕口朝向手的尺侧者（朝向小指）称正箕或尺箕；箕口朝向手的桡侧者（朝向拇指），称反箕或桡箕。

3. 斗形纹（whorl，W）

斗形纹是一种复杂、多形态的指纹。特点是具有两个或两个以上的三叉点。斗形纹可分绞形纹（双箕斗）、环形纹、螺形纹和囊形纹等。

根据统计，指纹的分布频率因人种而异，存在种族、性别的差异。东方人尺箕和斗形纹出现频率高，而弓形纹和桡箕较少；女性弓形纹多于男性，而斗形纹较男性略少。

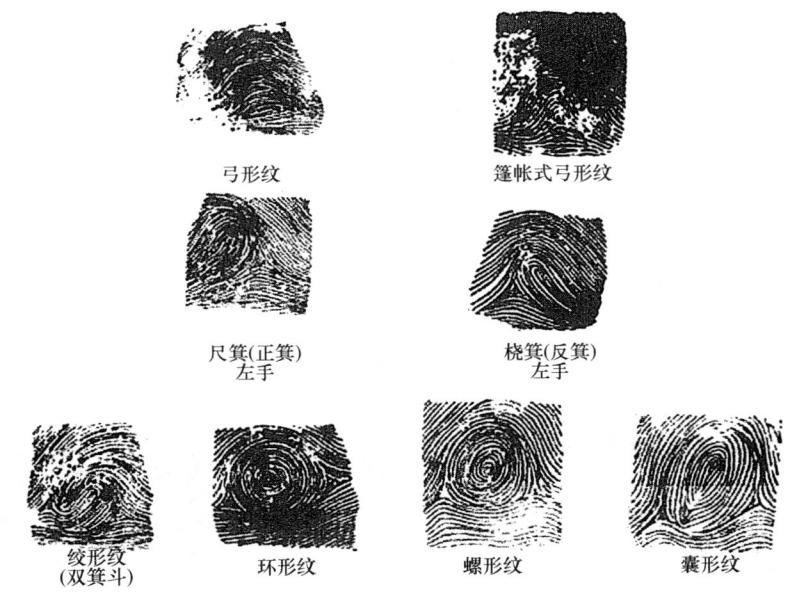

图 4　指纹的类型

（二）嵴纹计数

1. 指嵴纹计数

弓形纹由于没有圆心和三叉点，计数为零。

箕形纹，则可从中心（圆心）到三叉点绘一直线，计算直线通过的嵴纹数。

斗形纹因有两个三叉点，可得到两个数值，只计多的一侧数值。

双箕斗分别先计算两圆心与各自三叉点连线所通过的嵴纹数，再计算两圆心连线所通过的嵴纹数，然后将三个数相加起来的总数除以2，即为该指纹的嵴纹数，如表2、图5所示。

表2　指纹类型辨识与技术

指纹类型	三叉点数	中心点数	嵴纹计数
弓形纹	0	1	0
箕形纹	1（开口相反处）	1	中心点与三叉点连线
斗形纹（一般）	2（两侧）	1	两个中心点与三叉点连线的最大角
双箕斗	2（两侧）	2	两个中心点与三叉点连线以及两个中心点之间三条线段之和除以2

2. 指嵴纹总数（TFRC）

为10个手指嵴纹计数的总和。我国男性平均值为148条，女性为138条。

（三）掌纹观察

1. 掌纹的区域划分

大鱼际区：位于拇指下方。小鱼际区：位于小指下方。指间区：从拇指到小指的指根部间区域。

2. 掌纹的测量

（1）atd 角：正常人手掌基部的大、小鱼际之间，具有一个三叉点，称轴三叉，用 t 表示。从食指基部三叉点 a 和小指基部三叉点 d 分别画直线与三叉点 t 相连，即构成 atd 角。可用量角器测量 atd 角度的大小，并确定三叉点 t 的具体位置。三叉点 t 的位置离掌心越远，也就离远侧腕关节褶纹越近，atd 角度数越小；而三叉点 t 的位置离掌心越近，离腕关节褶纹越远，atd 角就越大。我国正常人 atd 角的平均值为 41°（图 6）。

（2）t 距百分比计算：t 三叉至远侧腕关节褶纹的距离（t 距），比上手掌长度（中指掌面基部褶纹至远侧腕关节褶纹间的垂直距离）的百分比。

t 距比 = t 距/上手掌长度 × 100%

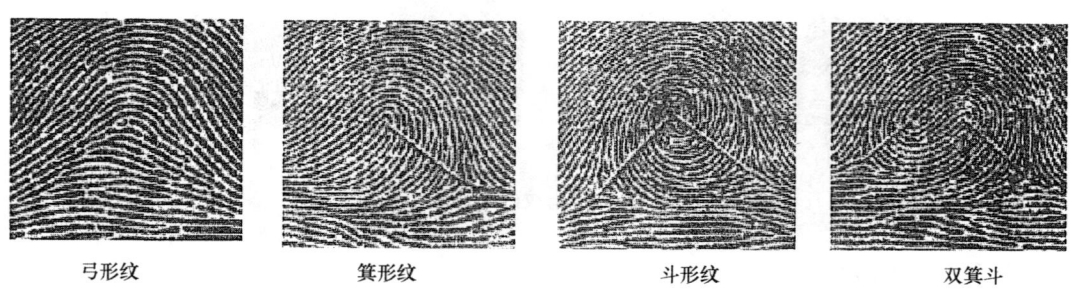

| 弓形纹 | 箕形纹 | 斗形纹 | 双箕斗 |

图 5　指纹的峭纹计数

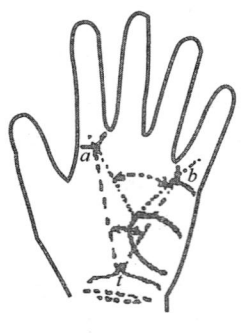

图 6　atd 角

（四）指褶纹和掌褶纹

这是指手掌和手指曲面各关节弯曲活动处所显示的褶纹。实际上褶纹不是皮肤纹理，但由于染色体病患者的指褶纹和掌褶纹有改变，所以列入皮纹，进行观察讨论。

1. 指褶纹

正常人除拇指只有一条指褶纹外，其余四指都有 2 条指褶纹与各指关节相对应。但先天愚型患者的第五指（小指）可只有一条指褶纹。

2. 掌褶纹

正常人手掌褶纹主要有三条，分别是：远侧横褶纹、近侧横褶纹、大鱼际褶纹。

（1）通贯掌：又称猿线。由远侧横褶纹连成一条直线横贯全掌而形成。

（2）变异Ⅰ型：也称桥贯掌。表现为远侧和近侧横褶纹借助一条短的褶纹连接。

（3）变异Ⅱ型：又称叉贯掌。为一横贯全掌的裙纹，在其上下各方伸出一个小叉。

（4）悉尼掌：表现为近侧横褶纹通贯全掌，远侧横褶纹仍呈正常走向。这种掌褶纹多见于澳大利亚正常悉尼人群中，故称悉尼掌。

在某些疾病的诊断中，掌褶纹可作为一项辅助诊断的指标。通过认真仔细的分析，才能得出正确结论（图 7）。

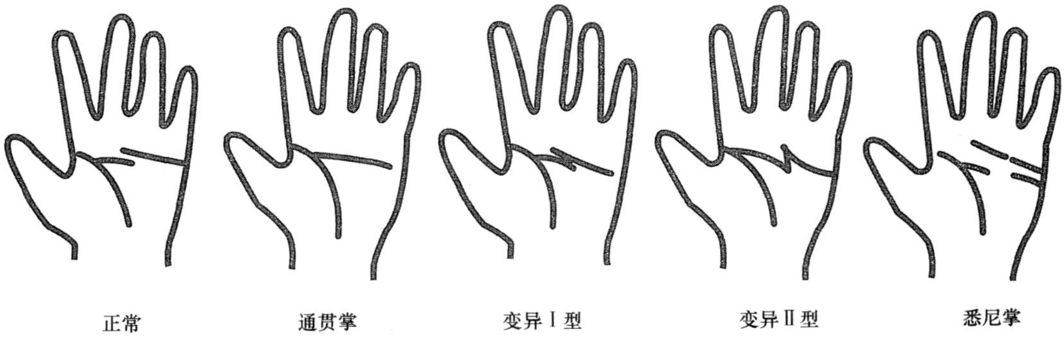

正常　　　　　通贯掌　　　　　变异Ⅰ型　　　　　变异Ⅱ型　　　　　悉尼掌

图 7　掌褶纹

实验六　人类 21 三体综合征患者染色体分析

一、实验目的要求

（1）掌握 21 号染色体与性染色体的形态特征。
（2）熟悉 21 号染色体与性染色体的镜下鉴别方法。
（3）学会鉴别 21 号染色体和 XY 染色体。

二、实验内容

人类 21 三体综合征患者染色体核型分析。

（一）唐氏综合征

21 三体综合征（Trisomy 21 syndrome），别名有先天愚型、Down 综合征（Down syndrome、唐氏综合征）。英国医生 Down 1866 年首次提出来的。

21 三体综合征确定：1959 年，法国细胞遗传学家 Lejeune 提出病因是多了一个小的 G 组染色体（后来确定为 21 号）。21 三体综合征发病率最高，新生儿：1/1 000～2/1 000。影响因素：母亲年龄（不主张母亲年龄超过 35 岁的生育）。

五官呈特殊面容：眼裂狭小、外侧上倾，小耳狭额，后头扁平，鼻根踏平，舌常大外伸，流涎，指短，小指内弯，双足的趾间距变宽，眼距宽，通贯掌，关节柔软，男性患者有隐睾，常不育，智能低下；女性无月经。心脏：约 50%以上的患者有先天性心脏病。智力：精神发育迟滞或智力低下（mental retardation，MR）是本病最突出最严重的表现，智商（IQ）通常在 25～50 之间。

21 三体综合征的核型（karyotype）分析：

1. 游离型（trisomy）

即 47，XX（XY），+21，占 95%。临床症状典型而且显著。典型的 21 三体几乎都是新发生（de novo）的，与父母的核型无关，而是生殖细胞在减数分裂时不分离的结果。不分离常发生在母方生殖细胞，约占病例数的 95%。

2. 易位型（translocation）

即 46，XX（XY），t（Dq21q），占 3%～4%。

3. 嵌合型（mosaicism）

即 46，XX（XY）/47，XX（XY），+21，占 1%～2%。嵌合型患者有两个或两个以上的细胞系。它们是形成合子后（post-zygotic）有丝分裂不分离的结果。

21 三体综合征实验室检查与诊断：

（1）生化检查：过氧化物歧化酶（SOD1）；HCG（人绒毛膜促性腺激素）；AFP（甲胎蛋白）；UE3（雌三醇）。检出率为 48%～83%。假阳性率为 5%。

（2）细胞遗传学检查：通过核型分析来确诊该病。

（3）分子遗传学检查：SOD1（过氧化物歧化酶 1）、CBS（胱硫醚 b-合成酶）、CRYA1（晶体蛋白 A1、ETS2（癌基因）等。

（二）实验内容

在低倍镜下（10倍）观察男性或女性21三体综合征患者染色体切片，可看到大量染成蓝紫色的圆形细胞和棒状、杆状和颗粒状结构构成的一个中期细胞中的全部染色体，为中期分裂象；换成高倍镜（40倍），找到分散好、互不交叉、长短合适的中期分裂象后，再换油浸镜（100倍）观察，记数染色体数目，带型是否清晰，鉴别出21号和性染色体（XY）。

注意：有些21三体综合征切片是游离型核型，镜下可以看到3条游离的21号染色体，但有些切片是易位型核型，镜下观察时会发现多余的一条21号染色体易位到了9号染色体短臂上方，这需要学生仔细观察。

三、作业

用铅笔在实验报告空白处（不要画圈）以线条形式上下左右位置准确，如实地画出该分裂象的全部染色体，要求所画的染色体着丝粒的形状及位置与镜下所见一致。用箭头（→）标出21号染色体和性染色体 X 或 Y，箭头标在视野之外。

实验七　设计型实验

题目：人类单基因遗传性状的群体分析（PTC 尝味能力）、人类遗传病分析（单基因病、多基因病、染色体病）等（任选一个）。

实验内容与实验要求：

4~6 人为一个实验小组，选择以上实验内容、完成实验设计报告并制作幻灯片汇报，教师审核并选择最优设计报告，最终由学生完成实验。

《医学遗传学》实验报告

医学遗传学实验报告册

学院_____

专业_____

班级_____

姓名_____

代课教师_____

基础医学院生物学教研室

实验一 人类外周血淋巴细胞培养及染色体制备实验报告

一、作用

显微镜下挑选典型的分裂象 1~2 个，直接用铅笔尽量如实地画成草图，要求所画的染色体位置、形状以及大小尽量真实。并用箭头指出小的近端着丝粒染色体。同时标注核型、显微镜坐标和标本号。

核型： **显微镜坐标：** **标本号：**

二、思考题

（1）PHA 的作用是什么？

（2）秋水仙碱的作用是什么？

（3）使用油浸镜观察应当注意哪些问题？

实验二 正常人G显带染色体核型分析实验报告

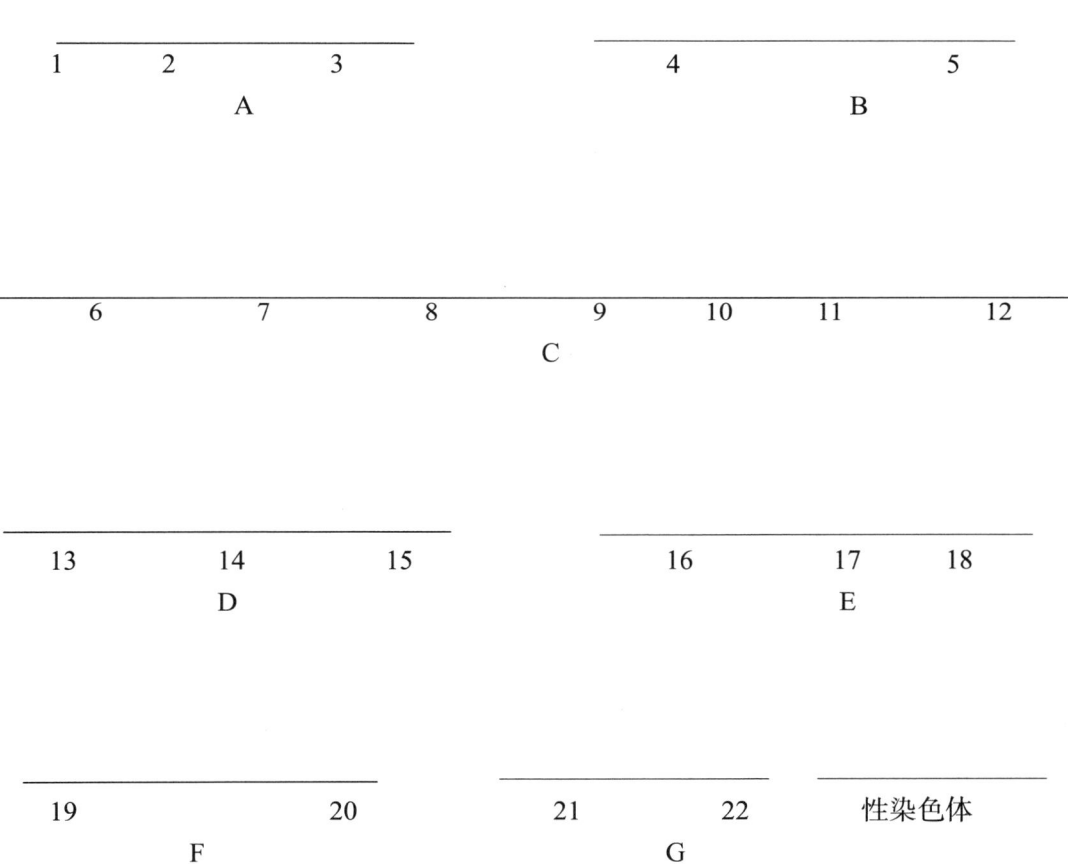

注意：请将染色体短臂向上、长臂向下、着丝粒压横线。

核型描述：

实验三 人类X染色质标本的制备和观察实验报告

一、作业

请绘出一个你所观察到的口腔黏膜细胞X小体。

二、思考题

（1）为什么说 X 染色质显示法是性别鉴定和检测某些遗传性疾病及性发育异常的有效手段之一？

（2）填写下表：

编号	X 小体数目	供体的表型性别	性染色体配比	体细胞染色体总数
1	0	男性（正常）		
2	0	女性（不正常）		
3	1	男性（不正常）		
4	1	女性（正常）		
5	2	男性（不正常）		
6	2	女性（不正常）		
7	3	男性（不正常）		
8	3	女性（不正常）		

实验四　系谱分析小测验

1. 一个表型正常的女子与一佝偻病男子结婚后所生育的 2 个女儿均为佝偻病患者，而 2 个儿子均正常，他们的女儿同正常男子婚配后，所生子女（2 男，2 女）各有一半患佝偻病。

（1）绘制系谱（10 分）。

（2）说明该病的遗传方式并给出理由（10 分）。

（3）写出家系中患者及其双亲的基因型（10 分）。

2. 一对夫妇表型正常，婚后生了一个白化病（AR）的儿子，这对夫妇的基因型是（　　）（10 分）。
　　A. Aa 和 Aa　　　　　B. AA 和 Aa　　　　　C. aa 和 Aa
　　D. aa 和 AA　　　　　E. AA 和 AA

3. 父母都是 B 型血，生育了一个 O 型血的孩子，这对夫妇再生育孩子的血型可能是（　　）（10 分）。
　　A. 只能是 B 型　　　　B. 只能是 O 型　　　　C. 3/4 是 O 型，1/4 是 B 型
　　D. 3/4 是 B 型，1 凡是 O 型　　　　　　　　　E. 1/2 是 B 型，1/2 是 O 型

4. 母亲是红绿色盲（XR）患者，父亲正常，他们的四个儿子中有（　　）个是色盲患者（10 分）。
　　A. 1 个　　　　B. 2 个　　　　C. 3 个　　　　D. 0 个　　　　E. 4 个

5. 丈夫是红绿色盲（XR），妻子正常，妻子的父亲是红绿色盲，这对夫妇 生下色盲孩子的机会是（　　）（10 分）。
　　A. 1/2　　　　B. 0　　　　C. 1/4　　　　D. 3/4　　　　E. 1

6. 慢性进行性舞蹈病属常染色体显性遗传病，如果外显率为 90%，一个杂合型患儿与正常人结婚生下患儿的概率为（　　）（10 分）。
　　A. 50%　　　　B. 45%　　　　C. 75%　　　　D. 25%　　　　E. 100%

7. 表型正常的白化病携带者与白化病（AR）患者结婚，生一个正常孩子和两个患病孩子的机会是（　　）（10 分）。
　　A. 1/4　　　　B. 1/8　　　　C. 1/2　　　　D. 3/8　　　　E. 1/64

8. 一对夫妇表型正常，婚后生了一个半乳糖血症（AR）的女儿和一个正常男孩，这男孩与一个表型正常、但其弟弟患半乳糖血症的女人结婚，那么他们的第一个孩子是患儿的概率为（　　）（10 分）。
　　A. 1/9　　　　B. 1/4　　　　C. 2/3　　　　D. 3/4　　　　E. 1

实验五　人类皮纹分析实验报告

请填写以下表格：

性别	民族	TFRC	t距比（%）	atd角	指纹纹型种类				是否贯通手
					弓形	箕形	斗形	双箕形	

本页按手掌

实验六　人类 21 三体综合征患者染色体分析实验报告

作业

用箭头（→）标出 21 号染色体和性染色体 X 或 Y，箭头标在视野之外。

实验七　医学遗传学设计型实验设计报告

实验项目：

实验原理：

实验步骤：

注意事项：

预期结果：

实验仪器、设备、器具表

名称	规格、型号	数量	说明

实验试剂表

名称	规格、型号	数量	说明

《医学细胞生物学》实验报告

医学细胞生物学实验报告

学院_____

专业_____

班级_____

姓名_____

学号_____

代课教师_____

基础医学院生物学教研室

实验一　显微镜的结构和使用实验报告

一、作业

请在显微镜结构图的指示线旁，填上适当的名称。

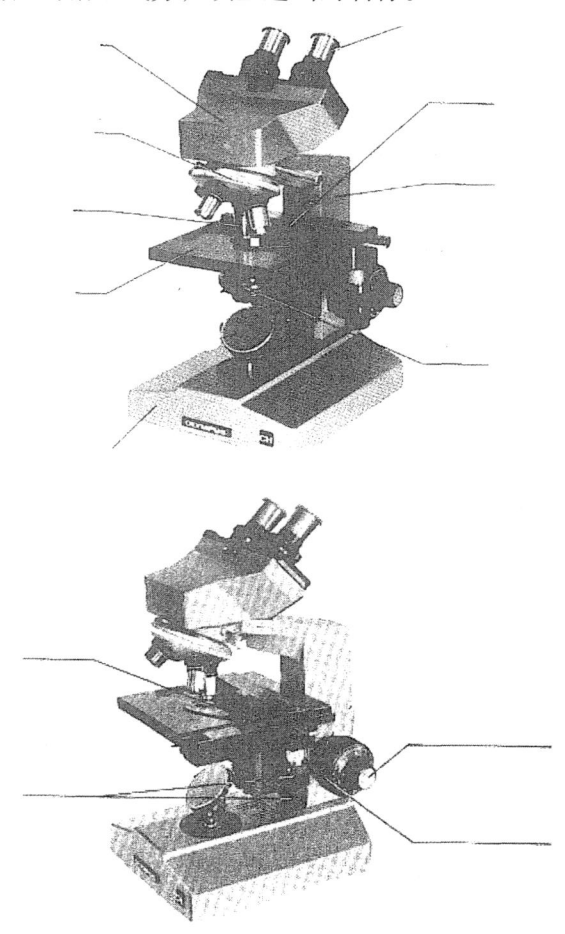

二、思考题

（1）使用显微镜观察标本时，为什么必须以从低倍镜到高倍镜再到油浸镜的顺序进行？

（2）怎样才能准确而迅速地在高倍镜或油浸镜下找到目标？

实验二　动物细胞的基本形态和结构观察实验报告

　一、作业

（1）绘1个蟾蜍运动神经细胞图并注明各部分结构的名称。

（2）绘1个蟾蜍肝细胞图并注明各部分结构的名称。

二、思考题

（1）试说明蟾蜍运动神经细胞和肝细胞的形态结构有何特点，并比较异同点。

（2）试说明人红细胞和蟾蜍细胞在形态结构上有何异同点。

实验三　细胞组分的化学反应实验报告

作业

（1）用绿色铅笔打点显示蟾蜍红细胞内酸性蛋白质的分布部位。

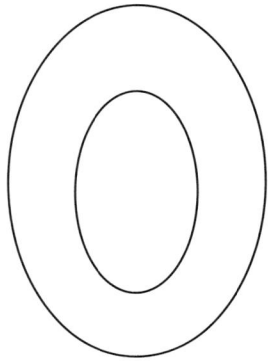

（2）用绿色铅笔打点显示蟾蜍红细胞内碱性蛋白质的分布部位。

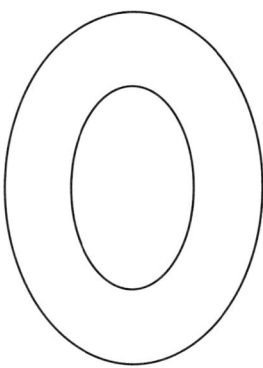

（3）用彩色铅笔绘图显示蟾蜍红细胞内 DNA 和 RNA 的分布部分。请用蓝色表示 DNA、用红色表示 RNA 的分布部分。

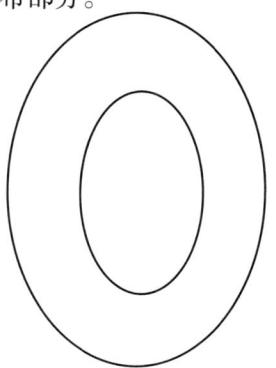

实验四　部分细胞器的活体染色及光镜观察实验报告

一、作业

（1）绘1个人口腔上皮细胞或兔肝细胞的线粒体图。

（2）绘1个蟾蜍软骨细胞的液泡系图。

（3）绘1个兔脊神经节细胞的高尔基复合体图。

二、思考题

（1）显示细胞中线粒体时用中性红-詹纳斯绿 B 染液，显示液泡系则用中性红染液，为什么显示不同细胞器所用的染液不同？

（2）在观察兔脊神经节细胞的高尔基复合体时，有的细胞只是有细胞核的位置而没有细胞核，这是为什么？

实验五　细胞骨架显微结构标本的制备和观察实验报告

绘洋葱表皮细胞的细胞骨架图。

实验六 细胞的超微结构观察实验报告

作业 每人共观察 12 张照片并在表格上以打钩方式回答每张照片里指示部位的超微结构名称。

照片号	结构号	滑面内质网	粗面内质网	内质网腔	附着核糖体	游离核糖体	多聚核糖体	MRNA	线粒体	初级溶酶体	高尔基复合体	扁平囊	大囊泡	小囊泡	过氧化物酶体	微管	微丝	中心粒	核膜	核膜外层	核膜内层	核孔	核周腔	核仁	常染色质	异染色质	次级溶酶体	细胞质	细胞核	核糖体
一	1																													
	2																													
	3																													
	4																													
	5																													
二	1																													
	2																													
	3																													
	4																													
三	1																													
	2																													
	3																													
四	1																													
	2																													
	3																													
	4																													
五	1																													
	2																													
六	1																													
	2																													
	3																													
七	1																													
八	1																													
	2																													
九	1																													
	2																													
十	1																													
	2																													
	3																													
	4																													
十一	1																													
十二	1																													
	2																													
	3																													
	4																													
	5																													
	6																													

实验七　细胞分裂实验

一、作业

（1）绘制有丝分裂中期（侧面观）

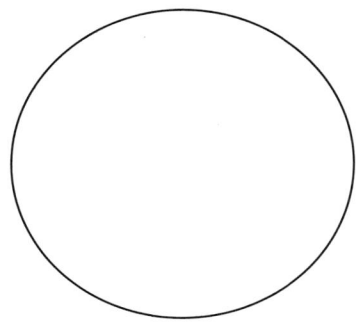

（2）绘制有丝分裂后期细胞图

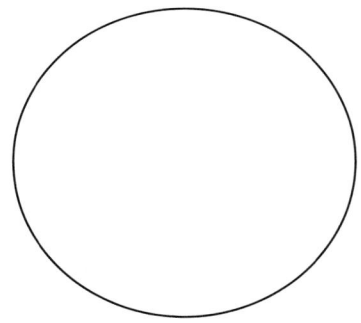

（3）绘制减数分裂Ⅰ双线期和终变期的细胞图。

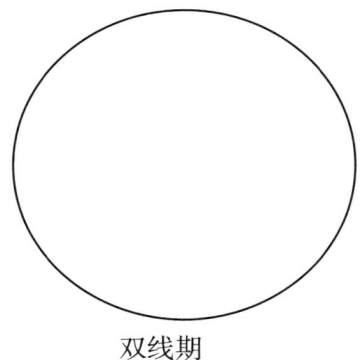 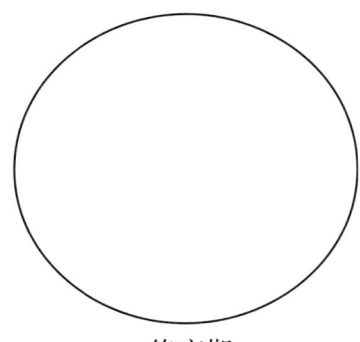

双线期　　　　　　　　　　　　　　终变期

二、思考题

（1）比较染色体丝、中间丝、连续丝之间的区别。

（2）比较初级精母细胞，次级精母细胞与精细胞中染色体、染色单体、DNA 分子数目的变化。

（3）比较减数分裂与有丝分裂的异同点。

实验八　医学细胞生物学设计型实验设计报告

实验项目：

实验原理：

实验步骤：

注意事项：

预期结果：

实验仪器、设备、器具表

名称	规格、型号	数量	说明

实验试剂表

名称	规格、型号	数量	说明